一切水月一月攝

論宗教

多元思想

歐陽文風 著

謹將此書獻給我的禪學老師羅福特肯尼迪

To Robert E. Kennedy, S.J.

my Roshi

I Vow to be Teachable

ab imo pectore

推薦序

陳克華（詩人，醫生）

收到歐陽文風的這本書稿，正是台灣同志婚姻法即將在立法院付讀的關鍵時刻。

隔著一個大西洋，一個美洲大陸，我都還可以從書稿內容的字裡行間，感受到歐陽文風對於台灣島內這股風起雲湧、銳不可擋的多元風潮與人權進程的熱切關注。

回想起來，和歐陽認識已近十年。最初只是因為出書而接觸，再也沒有想到兩個地緣、身份、思想背景和宗教信仰差異（我是佛教徒）如此之大的人，竟然日後會成為莫逆。文風是馬來西亞華裔，從小生長在這穆斯林國度的保守基督教家庭，從事過新聞媒體工作，和異性戀女孩結過婚，如今在紐約的大學教書又是牧師，又身在美國的同性婚姻裡——表面上似乎我們之間惟一的共同點，只是同為出櫃的同志而已！

然而在他自小浸淫的「保守教會」裡的成長經驗，卻在他日後逐步認識自己性向的生命進程裡，時時給予他撞擊力道幾乎無法招架的衝突，糾結，分裂與隨之喚起的，力道同等深遠的省思和領悟。

基督教在西方歐美國家已經走過整整兩千多年，其間經歷過的種種改變、革新和檢討，也比較全面而深入。而文風從小立志成為牧師，命運之手卻帶領他站在紐約的世界思潮匯集最前哨，他回顧過去，放眼現今，「宗教多元」繼「種族多元」之後已成為現今全球人類面臨最急迫需要解決的問題之一；而在文風眼中，亞洲教會普遍的保守、僵化、不變、害怕改變、基本教義的程度，令人咋舌。因而有了這本宗教多元的專書的寫作緣起，之前文風已經以他神學博士的專業，寫過許多反駁聖經中有關反對同性戀的經文的誤讀，相信這一路的寫作還會繼續下去，而這本書則將視野擴大到討論「如何」閱讀宗教經典、「一神」教誕生的背景和信仰方式可能產生的影響和誤區、今日宗教多元的精神為何和其必要性，更可貴的是，他以他本身練習禪坐的經驗，親證「禪」對他自身基督教神學建構的利益和幫助，誠如他前幾本的書名所言：因為佛陀，我成為更好的基督徒。

文風強調：所有宗教的本意與核心，無非是透過「真」的發顯與體悟，「愛」的歷程和發揚，賦予人存在的意義，肯定與價值。這點應該是所有宗教的核心的「同」。而存在經典、戒律、儀式上的種種「異」，只是表象而已。如何求同存異，成了廿一世紀人類必須共同面對的問題和挑戰。無奈信徒當中輕信、小信、盲信和狂信者眾，死守經文不能體認「文字是死的，惟有靈意使人活。」的道理的人也所在多有，因此動輒相互指責對方是異端，這也許才是今日宗教導致衝突紛擾的源頭和主因。

而文風集當今所有最具爭議的身分於一端，努力創作不輟，力圖彰顯被歷史、政治、媒體所遮蔽或忽略的真相，以他的神學專業，同志身份，也以他包容無礙的宗教靈性生活——基督教牧師修習禪定——的親身體驗，娓娓道來，不慍不火，深入淺出——放眼華文世界，還有誰比他更適合執筆這本正切合眾人迫切需要的「宗教多元」寶書呢？

二〇一七・三・一　於台北

推薦序　「千江映月」的生命風華

——歐陽文風牧師《一切水月一月攝》序

玄奘大學宗教與文化學系教授兼系主任　釋昭慧

在佛教的《雜阿含經》中，有一部述及「鬥爭」根源的經文，這是佛陀弟子中「論議第一」的摩訶迦旃延，回答一位婆羅門的精彩片段：「貪欲繫著因緣故，王、王共諍，婆羅門、居士，婆羅門、居士共諍。」「以見欲繫著故，出家、出家而復共諍。」（第五四六經，《大正藏》第二冊，頁一四一，中～下）

世人受到貪欲的綑綁，往往為了滿足欲念，奪取利益，而彼此鬥爭不已。但是另有一種鬥爭，與實質利益的搶奪容或無關，有時這類鬥爭甚至會牴觸實質利益，卻依然讓人纏鬥不休，那就是「見欲繫著」——因宗教的見地不同、信念有異，而意圖將自己的見地強加到他人身上。

於是，宗教原本要為塵世帶來「救贖」或「解脫」的願景，卻因「見欲繫著」，而攪動厭惡與憎恨之情，相互較勁，相互排擠乃至相互殺戮。即便看似「萬緣放下」而尋求解脫的「出家」僧侶，依然「見欲繫著」而互諍不已。

這種「見欲繫著」的現象，絕非只發生於一神信仰的宗教，即便在公認「寬容」的佛教，於不同傳承之間，吾人依然可以看到「獨尊己宗」而否定他者的排他主義（如上座部聲稱「大乘非佛說」），或是「高推己宗」，而「判定高下」的包容主義（如各種模型的「判教」，以及大乘佛教的「彈偏斥小，歎大褒圓」）。

本書作者歐陽文風牧師，由於精通《聖經》學與系統神學，再加上身處教會，對神職與信徒的心態較為熟悉，因此在本書中，他大都例舉《聖經》及教會的「排他主義」現象，批判他們創造出暴君式的「上帝」與神學。然則為何會有排他主義出現？作者認為，那是因為許多宗教信徒害怕思想，依於「宗教導師」或「官方立場」來閱讀宗教經典；在作者看來，這就是「迷信與盲從」。於是他列舉《聖經》中的部分矛盾記載，以卸下「《聖經》等同於『天啟』」的迷信與盲從。

其次，作者從「文本的歷史背景」，來看待所有的宗教典籍（包括《聖經》），認為所有宗教都來自「社會建構」（social construction），宗教典籍都是在特定歷史時空下，使用人間文字所作的表述。而人間文字有「言不及義與意猶未盡的遺憾」，宗教又會受到社會文化與歷史背景的影響，因此，他引用龍樹的「八不中道」與《圓覺經》的「標月指」喻，強調讀經不應「拘泥字句」，必須脫離文字表相，讀出它的「精神」。

甚麼是《聖經》的「精神」？那就是「愛」。他說：「最重要的不是信仰正確或正統與否，而是一個人的生命有沒有愛！因為在基督教信仰裡，沒有什麼比愛更重要了！」

從「愛」出發，就著「人」對「愛」的需求而無私地作出回應，這才能活出基督教的信仰精神。由這樣的反思，他大膽地發出了如下的言論：「耶穌的信仰『以人為本』，這與當時的宗教領袖『以聖經為本，以傳統為本，以神為本』的神學大相徑庭！」

作者在此所提出的「以人為本」，絕非「唯我獨尊」的人類沙文主義，而是在關注到人對「愛」之需求的同時，戒慎恐懼乎人性的自私、軟弱與驕傲——「貪欲繫著」與「見欲繫著」，不容許任何人以「神」之名而遂「人」之私。

然則是否能夠「以愛之名」，將自己的信仰強加到他人身上呢？毋需如此。尊重個人的宗教抉擇，這正是「源自於愛」的祝福與成全。作者於此，提出了雷蒙・潘尼卡（Raimon Panikkar）的主張——宗教多元主義（religious pluralism），承認各個宗教的差異與價值。他用以證成「宗教多元主義」的理由有二：

一、就社會層面而言，將宗教定位在「社會建構」與歷史脈絡，每一個宗教都是獨特的，卻非絕對獨特。因此，「基督教不是唯一的真理，其它正信宗教也有真理」。

二、就個人層面而言，宗教信仰在很多時候，「不是是非題，而是選擇題。」原因是，信仰者的個別差異，可能導致他接受某一種宗教，因為該宗教思想更能引起他的共鳴。「因此我們不能說，有那一個宗教比其它宗教更優越。」吾人不妨用「藥到病除」的譬喻，來看待種種有益生命的宗教——眾生有種種病，故有種種藥。只要能對症下藥，該一味藥對患者而言就是好藥，但也正因為「人」有侷限，所以某人受用的「好藥」，對他人未必適切。要警惕自己很有可能只是一個「摸象的盲人」，不宜「絕對化了自己的經驗，把自己的經驗等同於事實，甚至完全無視於自己是盲人的事實」。

至於如何避免自己陷入「盲人摸象」的處境？答案就是「宗教對話」。這是一種放棄將自己的宗教視作「唯一真理」的對話態度，對話的前提不是為了降伏對方，而是為了聆聽與了解對方。作者認為，宗教之間的相互對話，可以相互學習，讓各自的信仰與神學更形豐富，並且開拓對話者的心胸與視野。

作者成長自保守教派的教會，少年時代就已受到牧長們的重視與肯定。他原可選擇留在教會同溫層中取暖，將各種排他主義的觀念予以合理化，這會讓他在教會界獲得安穩舒適的一席之地。然而作者卻有意識地選擇了一條遠離同溫層的孤寂道途，踽踽然以千山獨行。

正是在孤絕獨拔的高峰頂上，脫落迷情，了無罣礙，這使得他得以體現「千江映月」的絕妙風光，並且以仁憫蒼生的胸懷，從峰頂回到塵寰，向世人分享這份基督之愛與禪悅法喜，期待世人從「多元主義」的宗教視野，超拔「見欲繫著」而自誤、誤他、自害、害他的種種苦境。

「千江映月」而湛寂清澄，是多元宗教的價值信念，這又何嘗不是本書作者的生命風華！筆者有幸先讀為快，不但法喜盈滿，而且深受感動，爰將本書要旨作一簡要歸納，並撰序文如上。

二〇一七・四・十六　於花蓮慈善寺講《中阿含經》旅次

推薦序　光光相攝才是王道

佛學院資深講師　釋見日

昨天從幽靜的花蓮回到南部，才知道二十二日英國倫敦國會大廈附近再遭恐怖攻擊！凶手開車衝撞人群後又持刀刺殺員警，一連串攻擊，造成四死四十多人受傷。反恐部隊調查凶嫌犯案動機，懷疑他受到伊斯蘭國（IS）影響而犯案。

歐洲這兩年陸續發生多起恐攻，各事件與伊斯蘭國組織之間多有掛鉤。《華盛頓郵報》分析伊斯蘭國對歐洲恐襲方法的轉變：過去以組織進擊的典型手法不再被奉為圭臬，如今他們透過犯下零星的無差別攻擊案，使得歐洲人心惶惶，也令當地情資單位防不勝防。

對於這些宗教恐怖行為有解決之道嗎？

去年羅馬天主教教宗方濟各（Pope Francis）接見法國國慶日恐攻生還者和罹難者家屬時，呼籲基督徒和穆斯林間展開「對話」。教宗說，「我們必須展開真誠對話，人與人間建立兄弟情誼，尤其是信仰神是唯一且仁慈的這些人。」「回應魔鬼攻擊的唯一方式，是效法神的寬恕、愛和彼此尊重，就算對方存有差異。」

這讓我憶起與歐陽牧師結識的因緣：二〇一二年八月二日，牧師透過友人轉薦，邀請我就其新著《因為佛陀，我是更好的基督徒》，在馬來西亞檳城光大五樓進行一場「當佛陀遇見基督」的對話。

據說牧師從九一一之後，即希望建立一個宗教對話的平台，促進不同信仰間的相互理解、相互尊重、和諧共榮。

當時，恰逢我在檳城講學，也正好其大作的內涵《心經》，是我平日的定課，因此仔細的拜讀了那本書，非常驚嘆牧師對般若思想的精確掌握和體會，可能許多佛教老參都無法企及。

現在，他的新作《一切水月一月攝》，暢述多元宗教思想、分享多元宗教經驗，主張宗教之間互相學習、借鏡，豐富自己的信仰，深化自己的靈命。理性的論議、感性的疾呼，情真意切。

我出生於台北淡水鄉村，家中是一般的民俗信仰。迎神賽會，求神問卜是生活的一部分。高中階段接觸善書，入了一貫道。大學讀的是教會學校，常被拉去團契，但因緣際會參加了佛學社，在台中蓮社聽李炳南老居士講經，畢業後出家。雖然是佛教的比丘尼，但之後在泰緬邊境難民營當義工，對象甲良族（Karen）是基督徒；到印度垂死之家學習，中心是德蕾莎修女辦的；做廣播弘法節目時，協助我的是光啟社的修女；我也曾在法國若瑟神父辦的「第四世界亞太分會」擔任訪貧義工；常常出入教會、參與彌撒。

有一年在檳城，想去參觀穆斯林的祈禱，詢問結果，當地佛友無有一人曾去過清真寺禮拜，且勸我打消念頭，警告我會被轟出來。結果我去了一間規模頗大的清真寺，不僅受到教徒的歡迎，還一起祈禱，坐在一起聊天；他們也希望被了解！

個人認為：理解與寬容異己，或許可以慢慢減少彼此的恐懼，逐漸增加相互的了解，當兩造都能體認，彼此無須拚個你死我活就有辦法共存時，那麼將會較少訴諸極端的手段，而能夠以較為緩和的方式解決問題。

誠然，宗教之間唯有展開對話、互相學習、才能共存共榮。就像華嚴經所說的：例如一室千燈，燈燈相照，光光相融，此燈有彼燈之光，彼燈復有此燈之光。光光相映，無盡復無盡。

而歐陽牧師個人的種種生命經歷，以及他對宗教美好事物的理解，如比較宗教和宗教社會學的研究，在在都增益本書的深廣度。相信他所開展的思路，可以幫助我們再次體悟個人信仰的珍貴，並促進各宗教間的平和交流。

推薦序　通往宗教相遇的水脈

新加坡南洋理工大學中文系助理教授　魏月萍

在寫這篇書序之前，剛完成一篇有關馬來馬共和伊斯蘭的小論文。論文討論宗教與馬來人身份如何綑綁在一起，成為馬來民族的主要身份認同。而馬來馬共在國家敘事底下，如何成為穆斯林的他者。在這之後，恰巧閱讀一本關於宗教對話的小書。一名前伊斯蘭極端份子，後來轉為自由派的穆斯林，和一名無神論者展開對話。身份和立場迥然不同的兩人，針對伊斯蘭主義、伊斯蘭國以及穆斯林身分等相關問題，理清不少定義與界說的混淆，各自提出尖銳且真誠的看法。

這一連串有關宗教身分定位、宗教內部與外部的劃分以及經解等問題的激發，對於長期研究中國思想中的儒釋道互動，且又是佛教徒思想史研究學者的我，無疑有不少衝擊。這些衝擊像水浪一樣，把許多隱晦或隱蔽的聲音撞擊出來，提供我看待與解釋不同宗教間的分歧、合流、折衷及衝突等的多元視角。進一步引發追問的是：當一個人擁有了宗教之後，是否意味已獲得顛仆不破的真理，因皈依者的世界觀從此轉變，宗教信仰成為審視所有事物的價值判斷基礎？是如此獨斷而唯一，還是可以把公共說理引入宗教對話和討論，讓宗教間的相遇宛如「水脈的交會」？是不是那樣，對話才有可能，理解才找到憑藉？

信徒與聖經

讀歐陽文風的新書《一切水月一月攝——論宗教多元思想》，也產生和以上相似的思考衝擊與叩問的激動。在基督教裡，如何劃分出內部與外部？在內部而言，是否僅有保守與開放二者？還是同樣存在著內部的異己（the other），例如同性戀、女性或是對其他宗教開放的基督教徒？對外部而言，是否經由聖經教義的詮釋，和自己不一樣的教義信仰，都是屬於「異己」？這些內部和外部的劃分，是依據教義詮釋抑或信徒的自我理解，而這些自我理解的依據是什麼？書中不斷出現的語彙，例如異端、異己、極端、保守、排他、霸道等，儼然是文風認為需要深切反思這些意識構成背後的深層原因。從各篇文章交叉脈絡中可知其指涉，一是指向基督教徒的自我與他者界限的把握，二則是指聖經解經的「字意主義」（literalism），對真理權威的全盤接受，如何可能導向對當今事實與真相的遮蔽。這一切實與解經方法論以及宗教語言限制的洞察緊密相關。

文風在書中曾援引著名的西班牙神學家與哲學家雷蒙潘尼卡（Raimon Panikkar），提出五種可能的關係模式與態度，分別為排外主義（exclusivism）、包容主義（inclusivism）、平行主義（parallelism）、相互滲透（inter-penetration）以及多元主義（pluralism）。這亦適合用以檢視基督教徒如何把握自我和他者界限的判準。尤其是基督教徒對於其他宗教教徒以及教義，究竟持有怎樣的理解方式，而其理解方式是受到什麼「因素」的影響？換言之，不是只理解事相本身，還要知道其「原因」，尤其是影響人們的思維與判準的基準，而這些判準往往回歸於聖經的詮釋。

但有關宗教經典的「解經」方式，常常夾帶著各不同的故事敘事，例如文風提及四種不同聖經版本，藉此說明版本之間存在的矛盾，以及詮釋者如何利用不同的語言，確立起本身敘事的正當性與正確性。所謂的「語言」，原來就具有揀選性、任意性及機械性，禪宗的「不立文字」以及老莊對語言拘限的洞察，也說明人間語言無法範圍一切內容。本書多篇文章，皆說明需要拆解宗教意識形態與仇恨的根源結構，尤其是抽離歷史文化語境的解經與敘事方法。

跨越分歧的宗教對話

因此，可得知除了找出保守、極端與排他意識構成的根源以外，如何認知宗教自身的義蘊以及其可能扮演的任務與角色，也至為關鍵。文風提醒說要擺脫「宗教孤立主義」（religious isolationism）的想像，努力建立有利於宗教際的對話，讓宗教多元主義取代封閉性的宗教排他主義。

這讓人聯想日本學者板垣雄三（Yuzo Itagaki）提出的「塔希德」（Tawhîd）與「坎兒井」[1]（Qanât或kârîz）理論。板垣雄三試圖從伊斯蘭文明與其他文明的交流與交替過程，說明人類生存在多樣與多重的文明，並且可以維持不同宗教社群的多邊契約關係，避免受到單一宗教霸權的箝制。板垣雄三在〈坎兒井挖掘與萬有歸一：歷史與未來〉說道：

一種宗教思想就相當於一座精心修建的坎兒井豎井。不同的宗教思想不是正好相遇在連接彼此的共同水脈上嗎？我們時而還能夠看到具有豎井分支的坎兒井系統。需要拓展我們的想像力，以正視作為一種網絡形成的宗教和宗教思想的交會。

1 坎兒井（Qanât或kârîz），中東和中亞乾旱地區的一種地下水利設施，分佈在從中國到摩洛哥、甚至延伸到安達盧西亞和西西里的廣大地區。在伊朗，至今有超過五萬條的坎兒井仍在使用，其中最古老的一條建於公元前七百年。地下水渠有時長達七十至八十公里，而主井的潛水位深達三百到四百米。坎兒井通過開鑿豎井和水平方向的並列水渠建成。豎井對坎兒井的建設和維護至關重要。今天的旅行者得天獨厚，可以從飛機上鳥瞰壯觀的景象：一個個豎井井口整齊地排列成行，縱貫空曠的沙漠。本文收錄於陳光與《後／殖民知識狀況：亞洲當代思想讀本》（上海人民出版社，2012年），頁一一四。

如何形成能跨越分歧，具有實質對話意義的宗教網絡，是不小的挑戰。宗教的神聖教義如何打開對話的渠道，針對彼此的分歧、立場與宗教實踐差異等問題，找到可連接彼此信仰的水脈，並建立可溝通、論說、甚至是共享的價值意識，是不同的宗教須共同努力的嘗試，讓宗教可以展現其公共理性的一面。

文風的新著，讓作為基督教的他者，可以理解基督教徒對自我身份的認定、對聖經解讀方法的再認識，以及如何尋思建構另一種替代性敘述，以解構權威與霸權寄身的敘事結構。這是作為基督教徒學者與宗教實踐者的現世關懷。

推薦序

香港基督教女性主義神學家　胡露茜博士

二〇〇一年九月十一日當我從電視螢光幕上目睹紐約的世貿中心化為一堆灰塵，不禁想起多年前我遇到的一件事。

那時我正身在耶路撒冷，一位巴勒斯坦基督徒問我，為甚麼頸上戴著大衛之星的項鏈，我既不是猶太人，便不應戴著它，否則我便是他的敵人。他的說話令我愕然，我也為那僵化的觀念及猶太人和巴勒斯坦人之間的深仇大恨感到困惑。往後我才逐漸了解，他們的戰爭，不純粹是民族或宗教衝突，而是他們心靈的一部分。他們的世界只有敵我兩個陣營，容不下第三、第四或其他的選擇！

面對目前充滿敵對、仇恨、恐懼與戰爭的世界局勢，基督徒可擔當和平締造者嗎？

教宗方濟各於二〇一四年五月展開三日中東之旅，先後訪問約旦、巴勒斯坦及以色列，目的是修補與伊斯蘭教及猶太教的關係。「願眾人合而為一」是教宗方濟各到聖地朝聖的口號，他重申基督徒要致力走上邁向合一的道路，甚至「要與猶太教、伊斯蘭教和其他傳統宗教發展真誠的對話」。

基督徒合一的目標不是止於教義上的討論和彼此接納，而是向世界開放；上主呼召我們成為祂的僕人，我們也要與不同宗教信仰的人，共同建立公義和平的世界。

非常欣喜收到歐陽文風牧師的新作《一切水月一月攝》，內容既批判保守信徒的狹隘與排外思想，亦從多角度分析及介紹多元宗教主義與宗教對話和合作的意義及可能性。文風牧師令我最欽佩的，不單是他對宗教多元思想的豐富學養，更是他信行合一的風範——以基督教牧師的身分，主動與出家人做朋友、虛心研究宗教比較學與佛學、甚至拜師學禪、每天清晨禪修靜坐一小時，再讀聖經等的破界行徑。因為他相信：「基督徒不只應該與其他宗教信徒和平相處，尊重與我們信仰不同的人，我們甚至可以向其他宗教學習，豐富自己的信仰，深化自己的靈命。」他更提醒我們：「如果宗教堅持排外主義，宗教之間就不可能在一個平台上和平對話；沒有對話，宗教之間亦不可能有真正的和平；沒有宗教和平，就不可能有世界和平！」

天主教靈修大師梅頓（Thomas Merton）認為當人認識到潛藏於表層生命之下的「隱密的整全性」（the hidden wholeness），我們才不會繼續活在二元對立的思維中，被迫在兩者之間作非此即彼的取捨。因為萬物都互相效力，各種生命力量的背後原是合一的，不是彼此排斥，而是互補平衡。

《一切水月一月攝》的意境，豈不是跟「隱密的整全性」指向著宇宙間同一的終極真理嗎？期望歐陽文風牧師這本新作，能夠成為促進華語基督徒與其他宗教之間溝通、和解與合作的橋樑！

二〇一七・三・二十八

推薦序

馬來西亞《南洋商報》北馬區主任　黎添華

一篇不稱職的序，but who cares？

如果一本書的推薦序旨在介紹某個作品，那麼，這或許會是篇不稱職的序文。是的。如果你正在閱讀這篇序，想告訴你我不是在推介這本書，而是歐陽文風這個人。

認識他是十一年前的事了，當時因為工作的關係，所以與他進行越洋訪問。爾後，他每年回來大馬，我和活動夥伴都會為他舉辦講座、電影分享會，新書發表會，還是同運活動什麼的。後來的後來，他不再來檳城了，而我也會南下吉隆坡與他見個面。

記得二〇一二年，歐陽出版了《因為佛陀，我是更好的基督徒》一書，而我和友人丁國亮則為他在檳城主辦了一場「當佛陀遇見基督——兩宗教的一場文明對話」座談，由來自台灣的釋見日法師與歐陽對話，一男一女、一佛教一基督、一個來自台灣一個定居在美國，但，兩個都頂著一個光頭，煞是有趣。

那晚，見日法師悠悠地唱起了基督聖詩，而歐陽在讚美《心經》之際，也就自己過去對佛教的詆毀，含淚向現場一百四十位觀眾致歉。當下，我突然覺得這樣的畫面不再有趣，而是一種美。那是一種人類撇開性別、政見、宗教等標籤，然後相互肯定、彼此學習的大愛，是人類最無私的光輝美。坐在旁台以防突發狀況的我，突然眼中含淚，希望這畫面能永久不散。

儘管那場活動告訴了我們，其實沒有誰應該說服誰；沒有哪一個宗教比哪一個宗教更優越，但是，活動結束後我仍在想，會不會有一天歐陽可能轉成為佛教徒。

這幾年，歐陽因為同志的身份經常飽受抨擊，更因為他以牧師的身份接觸靜坐而被炮轟，甚至因為他公開讚美佛教經典，結果被批評得體無完膚，身為他的朋友，不免有些難過或不忿。

但是，歐陽卻似乎越受傷越堅毅。極端基督徒對他口誅筆伐，令他覺得更有必要書寫啟迪明智的文章，他不求向抨擊他的人解釋，而是希望其他人能領悟些什麼。外人對他的冷嘲熱諷，惡言相向，他不屑一顧，然後繼續埋首專研佛學，再從中領略基督教義與佛教的異同。就這樣，他活得更坦誠，更自己。

看回這本《一切水月一月攝》，我才發現歐陽在學佛的道路上比我這詭異了的佛教徒更精進，而他承受過的打壓也不是我可以想像的。書寫這一段，我開始想像歐陽就像耶穌，背著沈重的十字架，蹣跚地走在耶路撒冷市集上被人丟石頭、抽鞭辱罵，卻又堅毅地站起來，一步步地走向加爾瓦略山。

耶穌可以苟且，歐陽依然，然而，他們都選擇了忠於自己，最後留下了令我們敬佩的一面。

這本書，記錄了他接觸靜坐的體悟，記載了他對兩宗教融合的領略，也更像歐陽自我探尋的一場旅程。看完手稿，我發現我更了解我這位一年見一次的朋友，但，肯定的是，他越來越貼近自己。

如果一本書的推薦序旨在介紹某個作品，那麼，這或許會是篇不稱職的序文，but who cares？因為我不是在推薦這本書，我跟你介紹的是人。一個真誠得不可理喻的生命，一個坦率得令人慚愧的靈魂。

自序　唯我教獨真?!

——從三則新聞事件談起

我想先談三則新聞：

第一則新聞事件發生在台灣。一九九二年臺北市政府開始興建大安森林公園，開始拆遷公園內的建築物，但保留了由著名雕塑大師楊英風所作的觀音像，結果位於附近的基督教靈糧堂非常不滿，發起抗議，要求拆除觀音像。一九九三年六月三日凌晨，有反對人士前往觀音像潑灑糞便及硫酸，引起社會譁然。

第二則新聞發生在香港。二〇〇七年五月，香港基督徒在大球場舉行了萬人大集會，當時香港九龍黃大仙區教會在領禱時要求這區不應叫黃大仙，因為明顯是以區內有一座赤松黃大仙祠命名，有宗教色彩，建議改成「慈黃區」，結果被不少香港人批評不尊重歷史與其它宗教，引來口誅筆伐。

第三則新聞發生在馬來西亞，不同的是，這次被批評的不是基督徒，而是伊斯蘭教徒，被歧視的不是佛教或民間宗教，而是基督教！二〇一五年十二月，馬來西亞吉打州政府要求發展商立刻修改房屋結構，因為浮羅交怡的雙層排屋屋頂遠觀出現十字架形狀，以為這冒犯了伊斯蘭宗教，因為據以穆斯林為大多數的政府說，「這令許多穆斯林感到非常不舒服」。有關新聞一出街，馬上遭到許多人批評嘲笑，包括基督徒，甚至有人諷刺，除了吸血鬼，有誰會怕十字架?!馬來西亞知名律師阿茲哈也是穆斯林，他批評這些保守的穆斯林無理取鬧，並調侃馬來西亞語言出版局也應刪除英文「t」字母，改以撲克牌的黑桃取代，因為「t」也類似十字架！

基督教和伊斯蘭教，還有猶太教，都屬於一神宗教（monotheistic religions），傳統保守的一神宗教之特點就是相信世上只有一個真神，而這真神就是他所信仰的那一位，他們以為「除非信我所信的這位真神」，其它宗教不是帶你走向地獄就是領你滅亡，沒有真理！所以，一些保守基督徒批評其它宗教為邪靈，說他們拜鬼，完全不是太奇怪的一件事，比較不可思議的是這三大一神宗教的保守信徒如此堅信自己絕對正確而對方徹底錯誤，咬牙切齒；而他們互罵的觀點其實都是一樣的，他們所批評的對象簡直就是鏡中的自己。但他們似乎並未察覺，活脫脫如耶穌所說：只見別人眼中的刺，但無視於自己眼中的樑木。

有一則對話特別有意思：

猶太教徒說：基督徒和穆斯林都錯了！

基督徒說：猶太教和穆斯林都錯了！

穆斯林說：猶太教徒和基督徒都錯了！

無神論者說：哦！你們說得都對！

上述對話其實是一則笑話，尖銳且幽默地點出了一神宗教排他主義的矛盾。

二〇一四年，有一星期日我在台北同光教會講道，好友釋有哲是出家人，那一天，他一身袈裟上教堂找我。朋友看見佛教僧侶上教堂，喜出望外，馬上告訴我，一定要帶領他信耶穌！

我說，他信啊，他比許多基督徒更像基督徒！我朋友馬上回一句：可是他還是佛教徒，還是上不了天堂！上帝說只有基督徒才可以上天堂！

我看著他，靜靜地說：如果上帝這麼野蠻，這種上帝我不信！這種天堂我不去！

後來我把和釋有哲合拍的照片放上我的臉書，說起這件事。有人以為牧師語不驚人死不休，一些報章媒體甚至轉載有關照片與文字；當然，也有人以為我譁眾取寵。其實，坦白說，我是認真的。我情願和我的朋友在一起，也不想去這種排外無理沒有愛的天堂。

「除非信耶穌，否則下地獄」，這是非常糟糕的神學思想。不是基督徒就下地獄，就必須因此永遠受苦？這到底是甚麼上帝？這種上帝和封建時代的暴君有甚麼不同？很多基督徒批評中國共產黨的無神論思想，但中國尚且容許宗教自由，縱使是有限度的自由，而沒有全面打壓宗教禁止基督教，但現在這些基督徒口中的上帝簡直就比中國共產黨更不如，至少堅持無神論的中國共產黨還讓人有一點宗教自由，但這種上帝卻因為有人不是基督徒，讓他永遠在地獄受苦?!這是甚麼上帝？聖經說上帝是愛，這種上帝不要說不是愛，連一點愛都沒有！

這本書就是批判這種由保守宗教信徒，特別是基督徒，按他們狹隘的形象，與自我且排外的思想樣式所創造出來的暴君式的「上帝」與神學。

我要在此書論證的是，在二十一世紀，宗教多元主義（religious pluralism）才是我們文明人面對宗教衝突的出路，宗教際的對話（interreligious dialogue）和合作，才是我們應追求的大方向。由於我是基督教神學博士，我將從基督教的神學角度來談論宗教多元主義；由於我是學禪的基督教牧師，所以這本書在論及宗教多元思想時，很多時候會以佛教禪宗思想為例以佐證我的觀點。

二〇一五年，我以基督教神學家的身份參加在泰國的曼谷由普世基督教協進會（WCC）主辦的宗教會談，並受邀發表論文；其中有一天我們拜訪由比丘尼主持的佛學院。當時有人拍攝了一張我在佛寺內聽經的照片，我跪坐在巨大的佛像前聆聽法師講經。我把這照片貼在我臉書，有些基督徒因此說我拜偶像，說我跪拜魔鬼撒旦，甚至以此攻擊我的性取向，以為可以因此證明同性戀錯誤。當時我看了一些人在網上的留言，非常心痛，其實說我甚麼，我不在乎，但如此污辱一個正信宗教，叫人於心何忍？想要證明我錯，有必要如此口出惡言攻擊另一個宗教嗎？

宗教與宗教之間，難道不能和平相處，必須如此詆毀對方，勢不兩立？我是基督教牧師，同時也學禪。每天清晨五點半我就起床，六點禪修靜坐一小時，之後再讀聖經。有一次，我把我和我禪師的合照貼在臉書上，我的禪師Robert Kennedy是天主教耶穌會的神父，曾在日本習禪，是美國著名禪師；我們倆面對面盤膝而坐，照片正中間有一佛像。一些保守基督徒也以此攻擊我，說我是假牧師假基督徒，說我拜偶像，然後語帶諷刺地稱我為「法師」。我不認為我是佛教徒，雖然我也不認為擁有雙重教籍是不可能的事，只是我對佛學認識不深，對佛教涉足太淺，不敢貿然自稱佛教徒，我只是如一些人所說，「在菩提樹下憩涼」。但每次讀到這一類基督徒咒罵佛教的文字，總是忍不住發問為何自詡相信了一個博愛的信仰的基督徒，會淪落至此——只見仇恨與自義，完全沒有愛？

我相信基督徒不只應該與其它宗教信徒和平相處，尊重與我們信仰不同的人，我們甚至可以向其它宗教學習，豐富自己的信仰，深化自己的靈命，基督徒不應唯「讀」聖經。聖經裡有一句：凡是真實的、可敬的、公義的、清潔的、可愛的、有美名的，若有甚麼德行，若有甚麼稱讚，這些事你們都要思念（腓立比書，四：八）；所以由此可見，真理不只局限於基督教，也不限於聖經；我們必須知道，保羅在寫這封書信這段文字時，基督教聖經尚未成書，當時沒有我們今日的聖經。

唐代玄覺禪師有一句話說得極好：一月普現一切水，一切水月一月攝。世上凡是有江有河有海有水的地方，都能映照天上的明月，但人間水裡的月亮再多，也不過是天上那唯一明月的影子；這就如宇宙間的終極真理，在人心裡的善良彰顯，是世間各大正信宗教的精髓，世間萬法，是一亦是多，萬變不離其宗！

有傳統與保守基督徒說我拜偶像，視我為敵基督，我一笑置之：佛本無相，我心無敵。

千江有水千江月，一切水月一月攝，無論你是基督徒或非基督徒，願你平安。

歐陽文風　於新澤西Gothic Towers

目次

推薦序／陳克華 005
推薦序 「千江映月」的生命風華
——歐陽文風牧師《一切水月一月攝》序／釋昭慧 009
推薦序 光光相攝才是王道／釋見日 015
推薦序 通往宗教相遇的水脈／魏月萍 019
推薦序／胡露茜 025
推薦序／黎添華 028
自序 唯我教獨真?!——從三則新聞事件談起 032

01 誰能壟斷真理？ 042
02 信耶穌上天堂，不信耶穌下地獄？ 071
03 二元對立，快意恩仇 085
04 慈悲無分別，大愛同歡喜 095
05 宗教的相遇 107
06 盲人摸象 120
07 開放的宗教，封閉的人 131
08 基督教的多元宗教思想 143
09 我的多元宗教經驗 158
10 宗教對話——我們的出路！ 173

01 誰能壟斷真理？

二由一有，一亦莫守。

——三祖：〈信心銘〉

美國著名神學家Robert Neville是波斯頓大學的神學與哲學教授，亦是我的神學博士論文指導教授，他曾經如此說過：Monotheisms do not have a monopoly on God.（一神宗教不能壟斷神），這句話可謂一針見血。天下人間所有的宗教都是社會建構，都有其歷史性；至於所有的宗教經典都均由人間

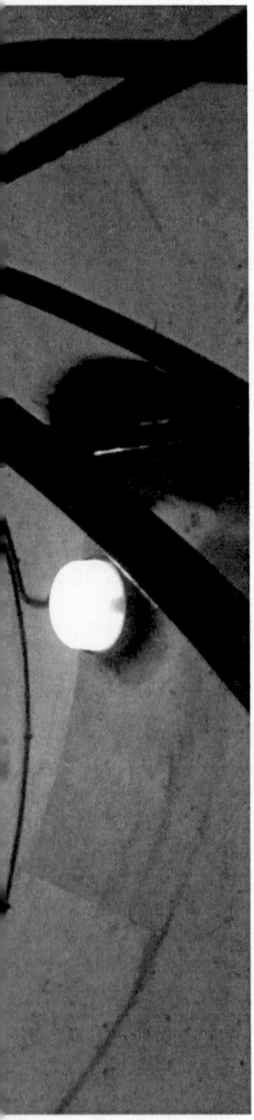

文字寫成，都有其局限。因此，如果以為人或任何宗教經典可以壟斷對真理的敘述，或絕對掌握真理，豈止妙想天開，簡直就是狂妄，亦是對真理的褻瀆！職是之故，我一直都在強調基督教並不是唯一的真理，或不要以為唯有基督教或聖經才有真理，或以為其它宗教或宗教經典都沒有真理，都是邪惡的，或恐嚇別人只要不信耶穌就下地獄。

很多基督徒訴諸聖經批評非基督徒，以為除非信耶穌，否則人人下地獄。我們必須了解，所有宗教經典都是以人間語言為載體和媒介；語言是工具，說了之後，還必須遠離字意，反能心領神會。所謂禪無一物，無一物不是禪，真理之光，往往就在文字變化的弔詭中透射出來。明乎此，如果拘泥於宗教經典的文字，以為其全然表述真理，就錯得離譜，不但不能開悟，反而更加迷糊，與真理漸行漸遠。人間許多因為宗教而引起，或被激化的悲劇，還有那些宗教恐怖份子與極端份子，有那一個不是不斷引用宗教經典合理化自己行徑的？因此，對於宗教經典，豈可盲從迷信？

我們閱讀任何宗教經典，包括基督教的聖經，都不應拘泥於字句，特別是具有上千年歷史的文本，若讀者忽視文本的歷史背景，而迷信文字，輕則鬧笑話，重則製造悲劇。基督教會歷史不乏諸如此類例子。這種拘泥文字崇拜表面字意的錯誤，在神學與聖經研究界稱之為Biblical Literalism，有人稱之為聖經直譯主義，有人則譯為經律主義。

很多保守基督徒最常犯這種聖經直譯的錯誤，因為這是最簡單與直接的閱讀，文本寫甚麼就是甚麼，不必考證歷史文化背景，也不必考察原文字義或作者遣詞用字的文學技巧，更不必思考當前科學界的發展與發現，純粹就是聖經說了算。很多保守基督徒就是用這種方法讀出他們所謂不信耶穌下地獄的結論。本文旨在簡單指出與論證這種閱讀的謬誤，並以馬可福音的一段經文為例。

曾有基督徒對我說，聖經很清楚地說人人需要相信耶穌，不信耶穌就不能得救，就會下地獄，他所謂「很清楚」的經文就是根據馬可福音，耶穌對門徒說「信而受洗的，必然得救；不信的，必被定罪。」（馬可福音，十六：十六）乍看之下，這段經文好像確有這個意思，指不信的，必被定罪。

但是如果我們願意了解當時的歷史背景與作者的風格，我們就不會天真地以為肯定就是這個意思，或視之為絕對的真理。

一般學者認為馬可福音是在公元五十五－七十年的作品，那時的「基督徒」面對兩大挑戰。對內，他們面對猶太教徒的攻擊，耶穌和他的門徒其實都是猶太教徒，他們相信耶穌就是猶太教所預言的那位將來臨的彌賽亞，但猶太教的領袖認為他們胡說八道，不相信耶穌是彌賽亞，攻擊這些門徒為異端邪說，結果這些相信耶穌是彌賽亞的門徒在被主流猶太教排擠之下，不得不建立屬於自己的信仰群體，基督教就從這猶太教的信仰群體另外發展出來；至於對外，他們則面對羅馬政府的逼害，因為這些基督徒稱耶穌為主為王，這簡直就是與當時的政治主流唱反調，因為根據當時的政治霸權，羅馬帝國的凱撒才是主才是王，他們以為這些基督徒從事政治造反，結果追殺逼害基督徒。

在這種對基督徒十分不利的社會背景之下，在面對以大欺小，以強凌弱的惡勢力之下，為了鼓勵基督徒堅守信仰，福音書的作者與初期教會領袖就不可能不發展出這種「唯我獨尊」與對敵對者勢不兩立的思想以激勵信徒勇於殉道而不要退讓。因此，就自然發展出這種「我們（信耶穌的人）絕對正確，而他們（不信的逼害者與施害人）絕對錯誤」的強烈對立與分化的二元思想。

但二十一世紀的今天，基督徒的情況完全與兩千年前的基督徒有別，基督徒整體而言，不再是弱勢與少數，我們不再面對這種全面逼害基督徒的霸權，而且很多佛教徒與其它宗教信徒都非常尊重基督教，我們因此又何必與別人勢不兩立，並且認為自己得救還不夠，還要不信的人也下地獄？

不過，更有意思的恐怕還是這一點：根據馬可福音的作者，耶穌在說了這句「信而受洗的，必然得救；不信的，必被定罪」，他緊接著又說一句被很多現代保守基督徒忽略的話，因為很多基督徒都知道這句話沒有甚麼道理，不算普世真理，如今可以不提就不提，更甭提再三強調，以為教義。這句話就是：「信的人必有神蹟隨著他們，就是奉我的名趕鬼；說新方言；手能拿蛇；若喝了什麼毒物，也必不受害；手按病人，病人就必好了。」（馬可福音，十六：十七－十八）

這句話說得和上一句一樣斬釘截鐵：信的人「必有……」，但是，這是事實嗎？其餘的暫且不問，就問這句就好，所有信耶穌的人，都能手拿蛇，若喝了甚麼毒物也「必」不受害？

這句經文說得非常肯定，完全沒有迴轉的餘地，「信的人」就「必」，就如「不信的，必被定罪」一樣的絕對！我們的問題因此是，為甚麼很多保守基督徒堅持以此經文認為不信耶穌「必下地獄，不能得救」，但卻不以緊接下來的經文堅持或大力宣傳基督徒拿蛇喝毒物「必」不受害？

其實，先不要說甚麼吃毒物也「必」不受害，就連不乾淨的食物，基督徒吃了也會發生食物中毒！現在有多少基督徒會用這種依據表面字義的方式閱讀馬可福音十六章十七和十八節，但為甚麼我們卻用如此方法理解十六章十六節（而且還是在同一段話內），這不是雙重標準嗎？針對別人，以及別人會因此吃虧的就是真理，但一旦針對自己，或令自己可能吃虧的就視若無睹？

這例子其實也一再說明了閱讀聖經不能拘泥字句！否則有多少人會迷信這節經文，以為是真？不過，在美國的確有一群基督徒如此直解這段經文，結果他們的教會養了很多毒蛇，聚會唱詩時就把毒蛇傳來傳去，如果有人被蛇咬了傷了，甚至死了，就說明此君沒有信心，因為聖經明明說，信的人「手拿蛇，也必不受害」！至於生病也不用看醫生了，因為聖經明明說「手按病人，病人就必好了」，就如聖經明明說「信的，必被定罪」一樣，這不可笑可怕嗎？我們讀聖經怎麼可能拘泥字句迷信文字？

每一個宗教都是在特定的歷史時空下產生，都是用人間文字表述，結果均受當時的社會文化與歷史背景影響；沒有一個社會文化是全面的，因此也沒有一個宗教是全面的，每一個宗教都有其特定的表述真理系統。

每個人的人生造化不一樣，包括性格、智力與生活成長背景有別，有些人比較容易被某一種宗教吸引，有一些宗教思想則比較容易引起某一些人的共鳴，因此我們不能說有那一個宗教比其它宗教更優越，而且每一個宗教都有極端份子。

佛教提出十萬八千法門，就是此理，不同法門不同宗教救度不同的人，如此而已。

職是之故，基督徒完全沒有必要以為自己的宗教是唯一真理，其它宗教都是邪惡歪論，都必下地獄。更何況「得救」或「上天堂」是基督教表述真理系統的概念，不是佛教徒的；因此，無論說佛教徒可以上天堂或不可以上天堂，對很多佛教徒來說，都是有點莫名其妙的。

佛教的龍樹提出「八不」思想，即不生亦不滅，不常亦不斷，不一亦不異，不來亦不出，深刻說明真正的智慧在於破解概念，消化概念，如此我們的思想不因概念而執著，並走向極端。對龍樹來說，任何觀點可以是正確的，但一旦執著，也是錯誤的。因為概念與觀點有其解釋功能，但同樣有其局限，八不其實不是旨在否定一切，而是要超越一切，因為無論絕對地肯定或絕對地否定，亦是兩極。宗教的真理都是由人間語言表述，人間語言均不完全，皆有局限，並非絕對，難以精確地與實相對應，更不是實相與真理本身。

明乎此，我們就能更謹慎地閱讀宗教經典，能更開放地看待所有的宗教，同時亦能深刻了解宗教對話不只可以促進宗教間的了解與和平，同時不同的宗教信徒亦可以互相學習，開拓視野，豐富各自對真理的論述體系。

對宗教的了解不能脫離對有關歷史與社會文化的了解，基督教的聖經必須放在歷史背景的架構上閱讀，如此我們就不會因為聖經一句「婦女在會中要閉口不言，像在聖徒的眾教會一樣。因為不准她們說話。她們總要順服，正如律法所說的」（哥林多前書，十四：三十四），就禁止女人講道發言或作牧師；我們也不會因為聖經有一句說奴隸要凡事「順服主人，不但順服那善良溫和的、就是那乖僻的也要順服」（彼得前書，二：十八），就堅持奴隸制是對的，並因此大力反對解放奴隸或廢除奴隸制。因為這些經文都有其特定的歷史背景。

同樣的，雖然聖經也有一句信耶穌的人「不被定罪；不信的人，罪已經定了，因為他不信上帝獨生子的名」（約翰福音，三：十八），或「除他以外，別無拯救；因為在天下人間，沒有賜下別的名，我們可以靠著得救」（使徒行傳，四：十二），我們不能因此就以為只有信耶穌上天堂，不信耶穌的非基督徒全都下地獄；因為我們必須明白當時的背景，當時基督徒不只被猶太教徒當做異端邪說，因為耶穌與他的門徒都是猶太教徒，耶穌從來沒有說要脫離猶太教另創宗教，結果耶穌的門徒後來在猶太教內被視為異端，甚至連羅馬政府也把他們當邪教對付，大力逼害他們。他們追殺基督徒，或把逮捕到的基督徒放在體育競賽場中間，再引入獅子，讓獅子追捕撕咬吞吃基督徒，當作娛樂節目來觀賞。當時基督徒在這種情況之下，自然必須建立起非常強烈的自我保護與自我肯定的心理防衛架構，否則難以在這種十分艱難的情況之下依然能堅持信仰，結果難免有這種「唯有我們才有真理，他們沒有，所以我們可以為真理犧牲，這種死是值得的，不必怕！」的真理表述。

但在二十一世紀的今天，知識增長，社會文化大背景不同了，我們就不能盲從聖經或引用聖經的經文要女性閉嘴，支持奴隸制或以為唯有基督教才是真理！

問問自己，難道別的宗教真的一無是處，都沒有真理？在回答這問題之前，再問自己我們對別人的宗教又了解多少？更何況如果我們相信神是愛，為甚麼神會如此小氣，信他上天堂，不信下地獄？你會因為自己的孩子不聽話，甚至傷透你的心而將他終身監禁嗎？難道愛的神，偉大的神，比你更不如，讓不信者永遠在地獄受苦？這種神叫愛？這種神叫全能？

宗教概念與觀點都是社會建構的結果，它們都是在某一特定時空之下的產物，因此事過境遷，不應過份執著。宗教信仰很多時候其實不是是非題，而是選擇題，如果有更多人明白這一點，我相信這世界會很不一樣。

我從小就在非常傳統保守的教會裡成長，「信耶穌上天堂，不信耶穌全部下地獄」的說詞耳熟能詳。不過持平一句，大部份的基督徒如今不會如此公開說，特別是不會公開向非基督徒說，但他們的確如此相信。他們不會如此公開說的原因是大概自己也知道這種話不好聽，所以傳福音要有「技巧」，要懂得包裝，要表現愛。但，毒藥如果包裝了就不是毒藥嗎？如果需要包裝以表現愛，豈不說明他們下意識也知道這種話其實很霸道很沒有愛？

為甚麼我們為了證明自己的宗教偉大，就非要踩低別人的宗教不可？為甚麼我們非要別人下地獄，否則自己上天堂也沒有意義？這是不少非基督徒在領教了一些基督徒強烈排它的言論之後，曾經多次問我的問題。

我只能說，其實很多基督徒有此信仰是因為迷信盲從聖經的表面字意，因為聖經有一句：「耶穌說：我就是道路、真理、生命。要不是藉著我，沒有人能到父那裡去。」（約翰福音，十四：六）結果就合理化排它主義。

但這句話至少有兩種詮釋，以迴避排外主義，或未必會達致排他的結論。第一，誠如這經文所言，每個人都藉著耶穌而得救，包括非基督徒，不管你是不是基督徒，因為神愛世人，神不只是愛基督徒，耶穌是為所有人被釘；就如空氣使人存在，不論你是否了解甚麼空氣或是擁有對氧氣的科學知識。第二個解釋是，這是約翰福音作者的信仰，耶穌其實並沒有這麼說過。

保守的基督徒認為約翰福音的這一句話是耶穌親口說的，也是最重要的信仰，甚至因為我不相信便以此裁定我不是基督徒而是假牧師，如果這信仰真的這麼重要，非信耶穌不可除非下地獄，為甚麼其它三本福音書作者都沒提及耶穌說過這句話？很多保守基督徒肯定為此觀點大驚失色，因為他們以為聖經是神的話，一字一句無誤，全本聖經都是歷史事實，而且沒有衝突沒有矛盾！否則，聖經就不是真理！因此聖經的每一句都必須遵守。

但，這種對聖經的理解，根本不是事實！

這亦涉及了我接下來要提出的另一點，上述所謂「聖經一字一句無誤，都是歷史事」的觀念其實完全與事實不符，只是一種神學思想！因為聖經事實是有矛盾與出入的，特別是針對耶穌的故事，不全是事實！以下就給你舉例，這是一個非常著名的耶穌履海的故事：

馬可福音（六：四十五—五十二）：

四十五　事後耶穌立刻催門徒上船，叫他們先渡到對岸的伯賽大去，等他自己叫眾人散開。

四十六　他離開了他們，就上山去禱告。

四十七　到了晚上，船在海中，耶穌獨自在岸上，

四十八　看見門徒辛辛苦苦地搖櫓，因為風不順。天快亮的時候（「天快亮的時候」原文作「夜裡四更天」），耶穌在海面上向他們走去，想要趕過他們。

四十九　門徒看見他在海面上走，以為是鬼怪，就喊叫起來；

五十　因為他們都看見了他，非常恐懼。耶穌立刻對他們說：「放心吧！是我，不要怕。」

五十一　於是上了船，和他們在一起，風就平靜了。門徒心裡十分驚奇，

五十二　因為他們還不明白分餅這件事的意義，他們的心還是遲鈍。

馬太福音（十四：二十二—三十三）：

二十二　耶穌隨即催門徒上船，先渡到那邊去，等他叫眾人散開。

二十三　散了眾人以後，他就獨自上山去禱告。到了晚上，只有他一人在那裡。

二十四　那時船在海中，因風不順，被浪搖撼。

二十五　夜裡四更天，耶穌在海面上走，往門徒那裡去。

二十六　門徒看見他在海面上走，就驚慌了，說：是個鬼怪！便害怕，喊叫起來。

二十七　耶穌連忙對他們說：你們放心！是我，不要怕！

二十八 彼得說：主，如果是你，請叫我從水面上走到你那裡去。
二十九 耶穌說：你來罷。彼得就從船上下去，在水面上走，要到耶穌那裡去；
三十 只因見風甚大，就害怕，將要沉下去，便喊著說：主阿，救我！
三十一 耶穌趕緊伸手拉住他，說：你這小信的人哪，為甚麼疑惑呢？
三十二 他們上了船，風就住了。
三十三 在船上的人都拜他，說：你真是神的兒子了。

馬可記載這事時最後說：門徒心裡十分驚奇，因為他們還不明白分餅這件事的意義，他們的心還是遲鈍。但馬太卻說：在船上的人都拜他，說：你真是神的兒子了。

這不是最明顯的矛盾嗎？有人說這是作者角度的問題，但甚麼角度？如果你要拍電影，你到底要怎麼拍才不違反兩位聖經作者的記載？無怪乎，從古至今的耶穌傳電影，從來不可能按照四本福音書的記載並在完全沒有違反任何一本福音書作者的記載的情況下拍攝的，他們只能選擇其中一本或兩本或三本福音書的記載而拍攝，因為聖經是有矛盾的，作者在說故事時會自己增刪內容！

所以，讀聖經必須讀其精神，而非盲從字意！就如「狼來了」的故事，重要的不是這故事是不是真的發生，而是這故事的寓意是甚麼，讀聖經也是如此，明乎此，你就會明白，為甚麼過去有一些基督徒讀經讀出了我們必須廢除

01　誰能壟斷真理？

奴隸制，但當時有更多基督徒，包括教會卻以聖經大力支持奴隸制，並以聖經逼害那些要廢除奴隸制的基督徒，以為他們是不信聖經的異端！

福音書作者之間記載有所出入，並自相矛盾的例子，上述提的是一個，另一個則是耶穌使管會堂的睚魯女兒復活的故事。按照馬太福音的作者：耶穌說這話的時候，有一個管會堂的來拜他，說：「我女兒剛才死了，求你去按手在她身上，她就必活了。」（馬太，九：十八）

但路加福音的作者卻說：有一個管會堂的，名叫睚魯，來俯伏在耶穌腳前，求耶穌到他家裡去；因他有一個獨生女兒，約有十二歲，快要死了。耶穌去的時候，眾人擁擠他。（路加，八：四十一－四十二）

所以到底他來見耶穌時，對耶穌說了甚麼？我的女兒已死，還是我的女兒快要死了？那一個才是歷史事實？這種矛盾說明了或許馬太福音的記載為真，或許路加福音為真，或許兩者皆假，但不可能二者皆真！

這些矛盾與記載有出入的例子，在四福音書中特別多，絕不僅限我上述提及的，我可以想像有保守基督徒會辯稱：那是因為不同的作者站在不同的角度看事情，所以記載有別！這，其實，正是我要強調的觀點，不同的作者有不同的寫作與觀察的角度，所以記述的內容有作者主觀的經歷，因此不都是客觀事實自身！（請注意，我說「不都是」，並沒有說「都不是」，二者天差地別，特此聲明與強調，因為保守基督徒傾向先入為主，因人廢言，結果非常容易犯閱讀不慎的問題。）

為甚麼伊斯蘭教恐怖份子可以如此嗜血？因為他們以為他們的古蘭經絕對神聖，每一字每一句都是真理，只要有經文支持的行為都是對的，不但不以為自己有問題，反而是替天行道；為甚麼許多基督徒那麼霸道，但又不以為自己霸道，都是因為同樣原因！

真理，往往難以概念與文字表述，真理甚至不依文字與概念存在，因為文字與概念，都是人間表相。宗教概念是人間社會的建構（social construction），不是超卓、形上、至尊、智慧或上帝本身。概念至多只是一個入門，進入之後，必須脫離文字表相的理性了解，用真心去領悟，不能再依賴概念與迷信文字！

道德經開宗明義就說：「道可道，非常道」，古人也有曰「盡信書不如無書」，這些無不皆在闡明我們不能拘泥語言迷信文字。基督徒讀聖經也是一樣，必須讀其精神，而非盲從字義，否則後患無窮！這是簡單道理，其實保守基督徒也懂，但他們只是選擇性的懂，他們不斷強調聖經每一字每一句都是絕對真理，超越時空，但他們卻絕對不會盲從耶穌的這一句話的：倘若你一隻手，或是一隻腳，叫你跌倒，就砍下來丟掉。你缺一隻手，或是一隻腳，進入永生，強如有兩手兩腳，被丟在永火裡；倘若你一隻眼叫你跌倒，就把他剜出來丟掉。你只有一隻眼進入永生，強如有兩隻眼被丟在地獄的火裡。（馬太福音，十八：八－九），有誰可能按字面意義遵守這句話？但對於其它經文，或許與他們利益無關的，他們就認為你必須遵守不可，否則就不是基督徒，否則就不信聖經，然後就說不信的人下地獄！

我甚至聽過一些保守的基督徒大言不慚地說我們是不必尊重其它宗教的，因為只有基督教有真理，其它宗教沒有，他們必下地獄！所以何必尊重？

這種言論是可怕的，你批評他們，他們就說「這是我的信仰，我有信仰的自由」，所以以為在宗教與信仰名下，一切都合理化了，歧視不是問題，仇恨不是問題，不尊重別人與污蔑他人宗教也不是問題了。如果真是如此，那我們憑甚麼批評ISIS？他們殺人也說這是他們宗教的教導，說古蘭經神啟，字字句句是絕對真理，那我們又憑甚麼「侵犯」他宗教自由？

如此下去，世界怎麼可能還有和平？

一個博愛的宗教怎麼可能不講理，怎麼可能只會訴諸一己宗教之權威？所以我常說，如果信耶穌信到不講理，信到連基本的人性與同情心都沒有，甚至喪失了理智，不如不信！

沒有一本宗教經典的經文，或每一字每一句都是絕對真理，都是超越時空的，包括基督教的聖經！

沙烏地阿拉伯遲至一九六二年才廢除奴隸制，為甚麼拖得這麼遲？原因無它，因為伊斯蘭教的古蘭經認為奴隸制不是問題，迷信宗教經典的信徒太多，所以在一九六二年才明白奴隸制不對！至於基督教，情況會稍微好一點，但也差不了多少，只是比較快知錯，因為基督教會從創立至十九世紀，普遍立場是支持奴隸制的。不但支持，還引經據典批評、咒罵、反對那些提倡解放奴隸與廢除奴隸制的基督徒與社會大眾。一八六六年，天主教會還說「奴隸制並不是違反自然與神的法律的」，直到一八九〇年，李奧八世（Leo XIII）才正式譴責奴隸制度，一八九一年天主教會文件〈Rerum Novarum〉和一九六五年第二次梵蒂岡會議，相繼義正詞嚴地抨擊奴隸制。

初期教會的大公會議，如公元三四〇年的岡格拉會議（Council of Gangra）明言，「任何人如果教導奴隸不尊重與事奉他的主人，或脫離奴隸制，這人是可咒詛的。」這議案後來納入教會法，被教會不斷引用長達至少一千四百年之久。

公元六百年，教皇貴格利一世（Gregory I）強調：「我們應該告訴奴隸，他們應順服主人，要讓他們知道，他們不過是奴隸！」一一四〇年，教會在《教會法滙要》（Decretum）再次強調：「教導奴隸造反的人，是可咒詛的。」一五四八年，保祿三世（Paul III）明言任何人可自由買賣奴隸，逃走的奴隸必須送回主人那裡接受制裁。至於一六二九年烏爾班八世（Urban III）、一六四五年英諾森十世（Innocent X）、一六六一年亞歷山大八世（Alexander VIII）這些教皇，全都曾親自參與購買奴隸，也曾經蓄奴。至於美國當年大力支持奴隸制並抨擊廢奴隸制者不信聖經的基督徒，同樣不計其數！

為甚麼教會的官方立場曾經是如此大力支持奴隸制？為甚麼曾經有那麼多基督徒以為奴隸制天經地義？原因無它，因為聖經也有不少支持奴隸制的經文！在利未記第二十五章四十四至四十六節，耶和華神對摩西頒發的律例典章中，如此明言：至於你的奴僕、婢女，可以從你四圍的國中買。並且那寄居在你們中間的外人，和他們的家屬，在你們地上所生的，你們也可以從其中買人，他們要作你們的產業。你們要將他們遺留給你們的子孫為產業，要永遠從他們中間揀出奴僕，只是你們的弟兄以色列人，你們不可嚴嚴的轄管。

至於新約聖經，彼得前書第二章十八至二十節：你們作僕人的，凡事要存敬畏的心順服主人，不但順服那善良溫和的，就是乖僻的也要順服。倘若人為叫良心對得住神，就忍受冤屈的苦楚，這是可喜愛的。你們若因犯罪受責打，能忍耐，有什麼可誇的呢？但你們若因行善受苦，能忍耐，這在神看是可喜愛的。以弗所書第六章五節：你們作僕人的，要懼怕戰兢，用誠實的心聽從你們肉身的主人，好像聽從基督一般。

所以，基督徒讀聖經，怎麼可能字字句句照跟不誤？聖經的經文到底是人間文字，其教導不是超越時空的，我們要把握的是聖經的精神，不是經文字句！不明白這一點，你就會以為廢奴或反對奴隸制是大逆不道或等於不信聖經了！但有意思的是，大力主張廢奴制的恰恰也是讀聖經的基督徒，為甚麼大家都讀同一本書，卻讀出完全不同的結果？原因簡而言之，有人讀聖經讀其精神，有人則迷信文字！

偉大的宗教導師幾乎都有一個共同的特點，就是基本上他們都有獨立的人格，鼓勵信徒獨立思考，做一個講理的人。佛陀曾對他的跟從者說，不要盲從盲信他的教導，總要檢驗，自己思考。穆聖說，知識是伊斯蘭教的生命，知識是信仰的柱石。換言之，我們必須尊重知識與思考。穆聖經常鼓勵穆斯林要公平待人，公正處世，這就是講理。

耶穌也是如此，總是向當時的主流宗教挑戰，不怕鶴立雞群，鼓勵信眾獨立思考。耶穌也曾對聽道者說「你們又為何不自己審量什麼是合理的呢？」（路加福音，十二章五十七節）。換句話說，不要害怕思想，不要恐懼獨立思考，「自己審量什麼是合理的」。簡而言之，不要只關心傳統說什麼或宗教說甚麼，自己想想是否合理。這就是講道理與獨立思考的精神。

耶穌不只一次提倡獨立思考，有一次一些人控訴耶穌說根據宗教傳統，在安息日不可做這不可做那，但耶穌就是明目張膽去破壞宗教教義，之後他說「你們中間誰有一隻羊當安息日掉入坑裡，不把牠抓住拉上來呢？人比羊何等貴重呢！」（馬太福音，十二章十一節）所以，為什麼不能在安息日救人？言下之意，不要迷信盲從宗教傳統，自己想想，什麼才是合理的。遺憾的是，這種精神，這種無論是佛陀，耶穌或穆聖的講理文化，卻恰恰是今日不少信徒所缺乏的。許多宗教信徒害怕思想，只希望宗教導師告訴他什麼是對什麼是錯，一切以官方立場為準，只讀宗教經典卻不動腦筋。

今天亞洲許多基督徒反宗教多元思想，反同性戀，反其它宗教，殊不知他們最大的問題其實不是反這反那，而是在根本上迷信一種威權教育，不能獨立思考，拒絕講理，只會隨著宗教傳統與一些領袖的指揮棒起舞。這其實是比反同反宗教多元更令人憂懼的問題！

我在我的臉書專頁為文批評保守的基督教信仰，有人說我有種，但接著問：那為何你還要成為基督徒？

其實，我不只是基督徒，我還是牧師，也是神學博士！為何我不離開基督教？

我的答案其實很簡單，保守的基督教信仰不等於基督教，有人是保守的基督徒不代表所有基督徒都是這樣的，或以為只有這種人才是基督徒。這就如你應該不會問：如果你不是恐怖份子，為甚麼你還要信仰伊斯蘭教？你應該也不會問一些美國人：為甚麼你批評川普總統，又要做美國人？或對美國人說：如果你批評總統，你就是不愛國，為甚麼不移民算了？

但我絕對可以理解為甚麼有人會如此置疑我，因為亞洲國家比較落後，保守基督徒特別多，結果給人一種印象，以為所有基督徒都是這個樣子的，不是這樣子的就不是基督徒！這其實是非常遺憾的一件事，因為一個有愛，好好的基督信仰就這樣被這些人騎劫了，就好像有人看到伊斯蘭教，第一個念頭就是恐怖主義。

關於信仰，關於聖經，有太多可以討論的東西，但迷信的信徒往往簡化一切，甚至因為你不信他對聖經的解釋，就說你不信聖經，把自己等同聖經！或你不信他那一個樣的基督教，就說你是假基督徒，把自己等同基督教，這是非常狂妄與可怕的，伊斯蘭的恐怖份子也是這樣說的！

有人說我是新派，是自由派，是後現代的基督徒，對這些標籤我不是很有興趣，我只知道我只想做一個真正有愛又講理的人，名稱或標籤對我來說完全不重要！如果有愛又講理就是新派，那就當我是新派吧，我不在乎！我比較心痛的是，當有人問我「你不排他又堅持講理，這樣還算基督徒嗎？」

原來基督教在一般人心目中竟然已經淪落為排他與無理的代名詞，這是令我傷心的事！

很多基督徒忘了，耶穌當年是如何被人「排他」而釘十字架的，很多人也忘了當年基督徒如何被猶太教徒排他，很多基督徒甚至忘了當年天主教如何排斥基督教，強調天主教會以外無救恩，以為基督徒必下地獄，但如今時移物轉，許多亞洲國家的基督徒卻在做這令人傷心的排他的事！

02 信耶穌上天堂，不信耶穌下地獄？

沒有愛心的，就不認識神，因為神就是愛。

——約翰一書，四：八

很多傳統基督徒相信人人非信耶穌不可，否則死路一條，也以為唯有基督教有真理，其它宗教都領人走向滅亡。這，不是我的信仰！

我相信真理是無限的偉大，沒有一個人或任何一個宗教團體可能壟斷真理，可以佔為己有。基督教是我的宗教信仰，我從小在基督教家庭長大，是第四代基督徒，但我必須說，基督教不是唯一的真理，其它宗教也有真理，我們不應排斥或歧視其它宗教。不同的宗教信仰不只可以相互尊重，和平共處，宗教之間不只可以對話，亦可相互學習，以此豐富各自的信仰與神學，開拓我們的心胸與視野。

每一個宗教都是獨特的，但在獨特這件事上，沒有一個宗教絕對獨特（We are all unique, but we are not unique in being unique），也沒有一個宗教絕對超凡入聖！宗教與宗教之間，不只可以，也應該互相尊重，因為我們可以異中求同，同中存異，我深信有一天越來越多人會領悟，幾乎所有的異都是表相，都是方法的不同，但宗旨與目的其實都是一樣的！

二〇一四年一月在南非的約翰內斯堡（Johannersburg）一個全球宗教對話與性向的會議裡，我和一群信仰伊斯蘭宗教的信徒一起進行周五的祈禱，我們當中有猶太教徒，天主教，基督徒，和佛教徒，大家共聚一室禮拜默思。那天的禮拜，由我們當中有一群開放進步的伊斯蘭教徒（Progressive Muslims）帶領，帶領我們一起禱告的是一名女性Imam，她還是馬來西亞人呢！我們在進行伊斯蘭教式的祈禱後，一起唱這一首詩歌，歌曲美妙動人，歌詞更是意義深邃：

In My Soul

Music: George Landress / Ani Zonneveld
Lyrics: adapted from Rabi'a Basri (717-801 CE)
In my Soul there is a temple, shrine, a mosque, a church where I kneel.
Prayer should bring us an altar where no walls or names exist.
Is there not a region of where love does not illuminate
Where ecstasy gets poured into itself, becomes lost
Where the wing is fully lived but has no mind or body?
In my soul there is a temple, shrine, a mosque, a church that dissolves
that dissolves in God
that dissolves in God

因為歌曲的優美，因為這一群伊斯蘭教徒的開放與愛，我們體會經驗神聖的臨在，許多人在聚會中淚流滿襟。

身為一名基督徒與神學博士，同時也是一名牧師，我相信基督宗教是一個有愛的宗教，一個講理的宗教，不反理性，也不違反科學知識。但遺憾的是，今日許多亞洲的基督教會瀰漫反智的文化。我認為最大的問題不是在於這些保守基督徒相信聖經或高舉聖經，而是迷信與盲從，以為只要找到一句經文支持自己的觀點，那就可以合理化一切，不用探究文本歷史，不必再理會科學怎麼說，或甚麼是事實，而且更離譜的是，以為自己對聖經的閱讀與理解，等同聖經！換言之，如果你不相信他們對聖經經文的詮釋，或你對經文的詮釋與他們的不一樣，在他們的眼中，你就是不信聖經！

這其實是比「一切聖經說了算」的態度更糟糕，因為其骨子裡其實是「一切以我對聖經的理解說了算」，把自己對聖經的理解與聖經等同，其它不接受他詮釋的人就等於不信真理不信聖經，甚至不信上帝，也不算是基督徒！

其實，保守的基督徒豈止以為不信耶穌會下地獄？我們必須知道，保守也有等級之分，一些保守基督徒不只以為佛教徒全下地獄，有者甚至以為連天主教徒都下地獄（因為天主教會相信其它宗教也有真理，不只信耶穌的人有真理），有者以為信耶穌還不夠，只要你信的不是他那一宗那一派那一間教會的，你也一樣不得救也必下地獄！但無論如何，保守的本質就是無理與強烈的排外排他。

這種唯我獨尊的狂妄是可怕的，為甚麼伊斯蘭恐怖份子如ISIS可以如此囂張，濫殺無辜？伊斯蘭教恐怖份子為甚麼可以把殺人當聖戰（Jihad）而絲毫沒有一點愧疚？因為他們以為古蘭經來自神，一切神說了算，因此以為只要能找到一節或一句古蘭經的經文支持他們的行徑，他們就師出有名，肯定錯不了，錯的只是那些不遵守古蘭經的人。他們同樣把自己對古蘭經的詮釋等同於古蘭經，以為所有不信者一律該死下地獄！

這種唯我獨對的態度，這種別人皆下地獄的思想不可怕嗎？

我總是反問保守基督徒，他們會因為ISIS的恐怖行徑而對伊斯蘭充滿好感，而願意去親近了解這宗教嗎？殊不知有多少人因為ISIS而排斥伊斯蘭教，而不願去了解古蘭經。

古蘭經其實有不少主張和平與共存關係的經文，如：殺死一個人，就相當於殺死所有人，救活一個人，就相當於救活所有人。（五：三十二）這些往往被世人忽略，因為他們只看到恐怖份子，以為他們就是伊斯蘭教的見證人，以為他們就是古蘭經的代言人！

同樣的，很多保守基督徒也不知道，令人對基督教會反感的，令人不想去讀聖經的，對基督信仰打擊最大的，往往不是別人，恰恰是他們這一群自以為敬虔的基督徒！

基督徒強調傳福音，但傳福音不是天天叫人信耶穌，也不是相信「不信者下地獄，所以你非信不可」。聖經有一句：只要心裡尊主基督為聖。有人問你們心中盼望的緣由，就要常作準備，以溫柔、敬畏的心回答各人。（彼得前書，三：十五）基督徒應有美好的生活見證，以此吸引人，讓人對基督信仰好奇，而主動請教，而不是一味的賣花讚花香，只會自吹自擂！

彼得前書（三：十五）說要尊主基督為聖，尊主基督為聖不是嘴唇的宣告，而是追隨耶穌基督榜樣。但，甚麼是耶穌的榜樣？福音書的作者告訴我們，耶穌為殺害他的人禱告，求神赦免（路加福音，三：二十四），如果連殺他的人，耶穌都可以放過，都可以原諒，耶穌怎麼可能會說不信我下地獄？如果連耶穌基督都不會如此說，都不會如此審判別人，基督徒卻咬牙切齒地說「不信耶穌下地獄」，這不諷刺嗎？如果基督徒做這種耶穌基督都不會做的事，甚至是與耶穌基督所表現的完全相反的事，這叫尊基督為聖？

新約聖經馬太福音五章四十三－四十八節記錄了耶穌的教導，說明神的愛超越一切，包括宗教，耶穌說：

你們聽見有話說：當愛你的鄰舍，恨你的仇敵。只是我告訴你們，要愛你們的仇敵，為那逼迫你們的禱告。這樣就可以作你們天父的兒子；因為他叫日頭照好人，也照歹人；降雨給義人，也給不義的人。你們若單愛那愛你們的人，有甚麼賞賜呢？就是稅吏不也是這樣行麼？你們若單請你弟兄的安，比人有甚麼長處呢？就是外邦人不也是這樣行麼？所以，你們要完全，像你們的天父完全一樣。

耶穌說，如果我們愛那些愛我們的，那有甚麼特別？一般人都做得到。這問題我們可以引申再問，如果神只愛信他的人，那與「順我者昌，逆我者亡」的暴君有甚麼不一樣？一般獨裁者不都是這樣嗎？如果我們相信神的愛超越人的愛，比人的愛更偉大，那有甚麼可能神會說：信我就上天堂，不信者全下地獄！你信還是不信？

這種排外與仇恨不信者的神和暴君有甚麼不同？順我者昌，逆我者亡，從秦始皇到希特勒，不都是這樣嗎？

但我發現如今有些保守基督徒不只是說不信耶穌下地獄，而是甚至以為那些「不信耶穌下地獄」這種話也不信的基督徒，根本就不是基督徒，簡直就與不信者沒有兩樣，都要下地獄！所以對他們來說，我是假牧師假基督徒，我必下地獄，因為我說我不信非基督徒都下地獄。

聖經說：有人問你們心中盼望的緣由，就要常作準備，以溫柔、敬畏的心回答各人。（彼得前書，三：十五）但許多保守基督徒不只威嚇利誘別人信耶穌，有者在談論其它宗教時，甚至與他們思想不同的基督徒時，極盡諷刺挖苦之能事，有者把其它宗教視為惡魔。他們以為基督教裡的神奇事件就叫神蹟，其它宗教的神奇事件就是魔鬼撒旦的做為，然後又指別人拜鬼拜偶像，還有一些保守基督徒甚至連別人祭祖也把人說成是拜鬼！這叫做「以溫柔、敬畏的心回答各人」？聖經說，「有人問你們心中盼望的緣由」，但保守基督徒的態度這麼惡劣，誰會去問他們？許多人恐懼基督徒都來不及，一見他們出現沒有拔腿就跑，已經算是很有禮貌了，這些保守基督徒連基本做人與對他人應有的尊重態度都沒有，誰會去問他們「心中盼望的緣由」？世人看見的只是凶神惡煞與蠻不講理，哪裡有甚麼「盼望」？

基督徒不妨捫心自問，我們會去問伊斯蘭教恐怖份子「心中盼望的緣由」嗎？我們會羨慕與好奇他們的信仰嗎？如果我們基督徒有好見證，高素質，有水準，別人自會來問我們，不用我們忙著去打廣告「傳福音」！

我常說，「信耶穌上天堂，不信耶穌全下地獄」，是非常霸道無理的思想，是糟透的信仰內容！如果把這種霸道思想說成是神的旨意，簡直就是陷神於不義，把神說成和自己一樣霸道！

不少保守基督徒會說如果你生病了，醫生說只有一種藥可以救你，你吃不吃，這算不算霸道？

這個比喻其實是非常糟糕的比喻，因為保守基督徒相信神是愛，神不只是愛，也是全能的，但醫生不是全能的，他只有一種藥，情有可原，但神只有一種救人的方法？如果不信祂，如果不信耶穌，你就下地獄，結果問你怕不怕，問你信不信？這不是威脅是甚麼？這是大愛與全能的神，只有一種救法？

以為只有基督教才有真理，其它宗教沒有真理，只會引人下地獄，這是何等狂妄的思想?!保守的穆斯林也是這樣說的，除非加入伊斯蘭教，否則都下地獄，你又信不信？

保守基督徒在批評其它宗教之前，是否可以先了解一下別的宗教，不要那麼自以為是，以為自己上天堂別人都下地獄？人最大的狂妄就是自以為是神，人最大的墮落，就是以為神與自己一樣無理霸道！

如果基督徒相信有神，這神肯定比我們想像中最好的還要好，這神的大愛肯定是奇妙又寬闊得令我們只能讚嘆，而絕不會像黑幫老大一樣，更不可能像順我者昌逆我者亡的獨裁暴君！

所以，我常對基督徒說，當別人不相信神時，往往不是他們不相信神，而是他們看不順眼保守基督徒的狂妄與自大，還有極度的霸道與無理！他們不信的是你！

如果我們身為基督徒的，生命沒有愛，如果我們所展現的只是霸道的嘴臉，在二十一世紀這年代，只會令越來越多人越來越反感與討厭。我們的生命如果沒有善良的素質，沒有愛，也沒有對他人應有的尊重，任何對基督信仰的口頭宣傳都是沒有意義的。我希望身為基督徒的，我們可以更深刻的反省自己的信仰與自己的態度。希望我們都能了解，做一個人，是比做基督徒更基本的事！讓我們一起學習，努力活出基督信仰的愛與公義的精神，做一個講理與真誠的人！

慈悲無分別，大愛同歡喜，無論是不是基督徒，我們都應祝所有的人幸福，願所有人平安。

03 二元對立，快意恩仇

一切即一，一即一切。去來自由，心體無滯，即是般若。

——〈六祖壇經〉般若品第二

很多傳統保守的基督徒一聽我說基督教不是唯一的真理，其它正信宗教也有真理，往往大驚失色，立馬罵我異端，說我是假牧師，因為他們以為只有基督教才有真理，所以堅持「信耶穌上天堂不信耶穌下地獄」，他們以為，不論你是誰，也不論你做了甚麼或沒做甚麼，只要不信耶穌，全都下地獄！

如果有一個男人對另一女人說：我很愛你，如果你愛我嫁給我，你會很幸福；但如果你不願意，我會燒死你！但我真的很愛你！

你會說這是好男人，然後鼓勵這女人嫁給他？

但現在保守的基督徒說：神愛世人，信耶穌上天堂，不信耶穌全下地獄，被永火焚燒，求生不得求死不能，所以你要信耶穌，因為神愛世人！

這是「福音」？

這種連一般文明人都不會說的話，可是他們卻以為來自神，是神的命令與旨意！神會比人更不如？這根本不是福音，簡直就是胡音——胡說八道之音！

但很遺憾的是，這是被洗腦的保守基督徒永遠也不明白的道理！宗教迷信的可怕，由此可見一斑。所以你會奇怪宗教恐怖份子以神之名殺人卻以為有理？

我不認為人人非信耶穌不可，如果不信就下地獄。理由很簡單，第一，因為耶穌也不如此相信；第二，因為神是愛，這種威嚇利誘的信仰違反愛的精神。

先談第一點。

耶穌絕對不會說不信他的人全都下地獄，因為耶穌在被釘十架時，受盡恥辱，但他在十字架上禱告說：父阿！赦免他們；因為他們所做的，他們不曉

得。（路加福音，三：二十四）

如果連逼害耶穌殺害耶穌的人，耶穌都會赦免原諒，沒有叫他們下地獄，那不信的人豈不更沒有理由會下地獄？如果真的不信耶穌下地獄，耶穌也肯定會叫父赦免這些人，這些人最後肯定不會下地獄！因為聖經也說：父不審判甚麼人，乃將審判的事全交與子（約翰福音，五：二十二）如果耶穌可以原諒殺害他的人，耶穌豈會審判這些不信的人，令他們全下地獄？耶穌肯定不會做出這種審判！

我知道有許許多多的佛教徒與非基督徒，包括印度聖雄甘地，非常尊敬耶穌，他們只是不認為耶穌是神，不自稱為基督徒而已，如果連殘暴虐待殺害耶穌的人，耶穌都會赦免原諒，耶穌豈會審判甘地等非基督徒全都下地獄，純粹因為這些人不是基督徒？

第二，神是愛，一個有愛的神怎麼可能如此霸道，只因你不信我，你就下地獄？這和順我者昌，逆我者亡的暴君有甚麼不一樣？有不少保守基督徒以為真理就是霸道的，然後問：一加一等於二，你敢說這很霸道？但問題是，有人會因為不信一加一等於二而被終身監禁嗎？有人又自以為聰明的問：進戲院看戲要買票，沒有票不能進，這算霸道？但問題是，戲院不是愛，戲院賣票賺錢做生意，天堂是一門生意嗎？神是愛還是神是生意人？傳統基督徒的這些比喻的最大問題，就是把神完全人格化，不只像人，而且還是非常糟糕的人，以為神和他們一樣小氣，一樣狹隘，一樣有企圖心與利益之心！

如果耶穌願意赦免與原諒殺害他的人，那這些口口聲聲追隨耶穌的人有甚麼理由以為世人非要信耶穌不可，否則一律下地獄，完全沒有寬恕可言？

「信耶穌上天堂，不信耶穌下地獄」這種狹隘的神學思想完全有違基督博愛的精神與信仰！

我知道我這麼說肯定會有傳統與保守的基督徒反對，以為我不是基督徒，甚至還以為我是假牧師假先知，要我馬上悔改。面對這些保守基督徒，我只想說一句當年基督教改教領袖馬丁路德在面對教廷嚴詞質問時所說的話：除非能根據聖經的見證判定我錯誤，或根據顯而易見的論據，否則，這是我的立場，我別無選擇！

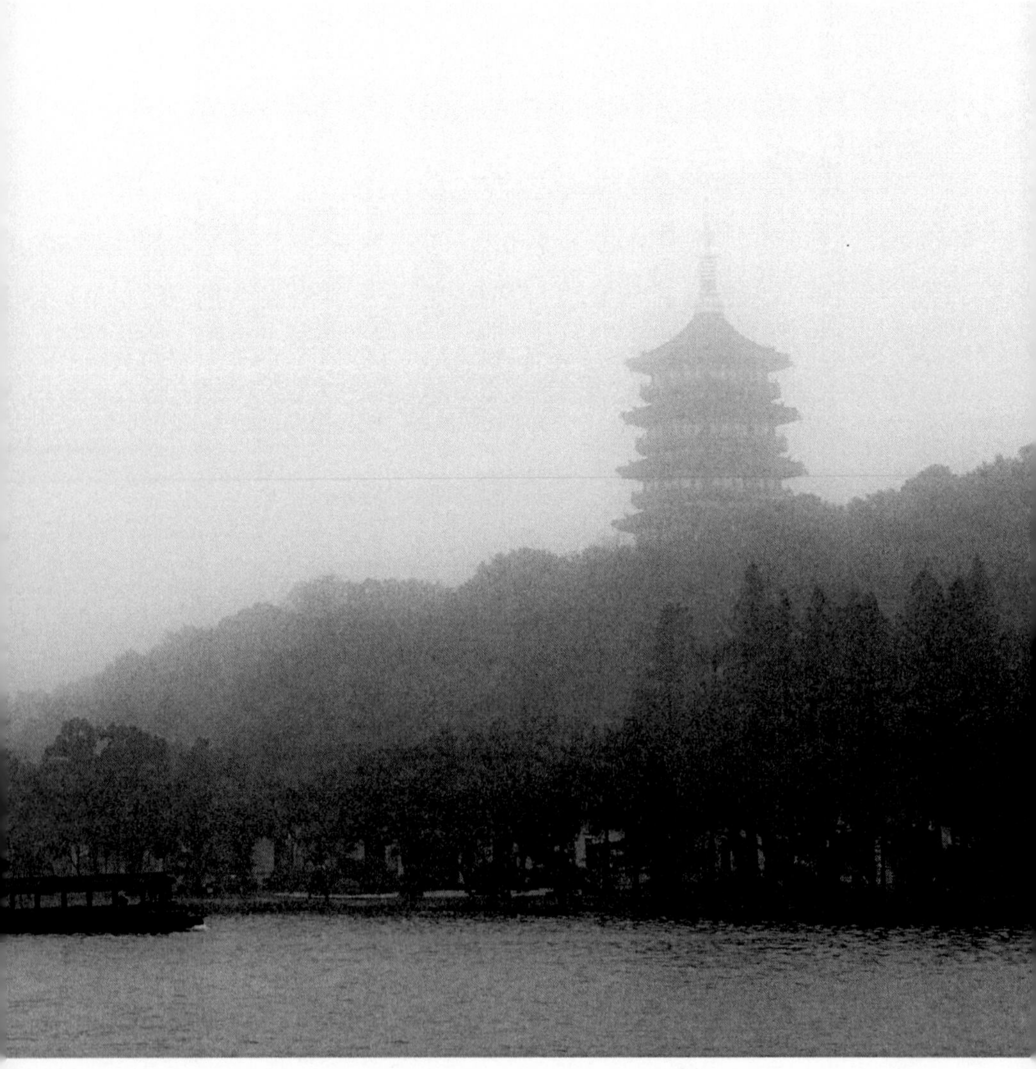

我只懇求反對我的基督徒能好好閱讀與思考我的文字與我所提供的論據，而不是純粹因為我的立場和想法和他們不一樣，就判斷我錯。不要忘了，耶穌當年也被視為異端，而最後被判死刑，被釘十字架；不要忘了初期的基督徒因為一個新的信仰而被羅馬政府逼迫與追殺；不要忘了天主教會當年如何對付持異議的科學家；更不要忘了當年的基督新教被天主教會視為可咒詛的，甚至說教會以外沒有救恩，基督徒全下地獄，只有天主教徒才可能得救。我希望我們這些生活在二十一世紀的人，可以先思考先交流，而非迫不及待判異見者死刑。

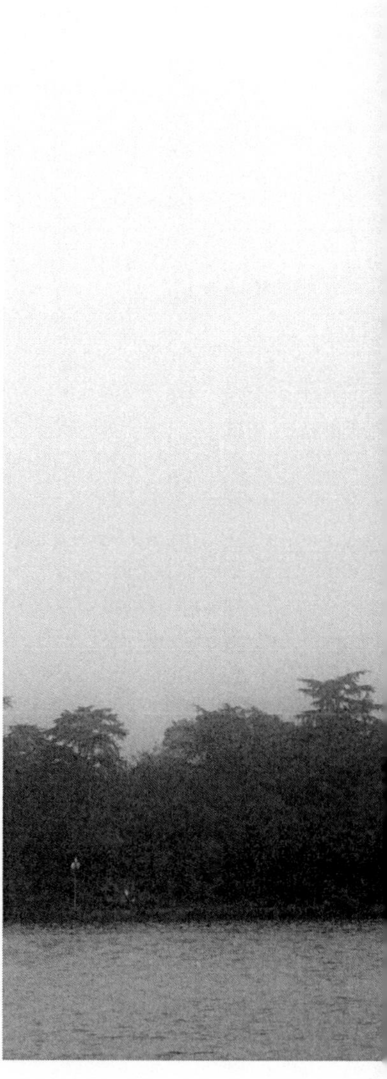

關於為何我不認為不信耶穌者下地獄，上文已說過，但我還是再次強調耶穌基督絕不會說信我者上天堂，不信者下地獄；因為他連逼害他的人，他都禱告求上帝赦免「父阿！赦免他們；因為他們所做的，他們不曉得。」（路加福音，三：二十四）耶穌怎麼可能不會赦免那些純粹不是基督徒的人，而要人下地獄？聖經也說：父不審判甚麼人，乃將審判的事全交與子（也就是耶穌），（約翰福音，五：二十二），既然耶穌可以原諒殺害他的人，耶穌豈會審判這些不信的人，要他們下地獄？除非耶穌的禱告是虛偽的，還是保守基督徒不相信耶穌曾經說過這句話？

職是之故，信耶穌上天堂，不信耶穌下地獄，根本就不是基督的精神！為甚麼我們要堅持只有我們有真理，其它人都沒真理，都下地獄？探根究底，這根本就是人性的自私與驕傲，自己有真理自己上天堂還不夠，還要非我族類下地獄才心滿意足！為甚麼非要堅持自己宗教的真理是唯一絕對與正確的不可，別人的宗教不論我了解不了解，一律都是引人下地獄的歪論？這不霸道嗎？

有保守基督徒反問：我只有一個爸爸，其它人不是我爸爸，這霸道嗎？我會如此回應：如果你說你有一位爸爸，這不霸道，但如果你以為天下只有你一人有爸爸，其它人都不是別人的爸爸，或別人都沒有爸爸，那你就霸道了！

很不幸的，這正是許多保守基督徒的問題！

保守基督徒只會引用聖經論斷人審判人，但他們忘了所有宗教經典，包括基督教的聖經，縱然是神啟的真理，但終究還是以有限的人間文字為載體，因此不是無限真理或神本身，因為人間文字始終有言不及義與意猶未盡的遺憾，不可能全面掌握與表述真理。因此，不能迷信表面字義，必須查究文本歷史背景。

〈圓覺經〉有一段話，充份表達上述思想：「修多羅教，如標月指，若復見月，了知所標，畢竟非月。一切如來，種種言說，聞示菩薩，亦復如是。」簡而言之，一切佛法不過是標月指，不是月亮；把手指當月亮，原來是一場誤會，本末倒置。同樣的，聖經也有一句：「字句叫人死，精意叫人活。」（哥林多後書，三：六）執著字句，全神貫注於手指，不看手指所指的方向，則大錯特錯矣。聖經指向真理，聖經為真理做見證，但聖經不是真理本身！許多保守基督徒的問題就如過去傳統教會的問題一樣，迷信聖經，執著於經文表面意義，以為一旦引用經文，就可合理化一切，以為如此就可以光明正大的逼害科學家，可以大力支持奴隸制，可以命令女人閉嘴，可以禁止女人做牧師，可以禁止女人講道，結果歧視也不再是歧視，霸權也不覺是霸道！基督徒必須深刻反省自己宗教的歷史，以史為鑑，以古鑑今。

我相信基督教有非常寶貴的真理，但不是唯一的真理，其它宗教也有真理，我們必須給予尊重，這不等於是非不分，而是很多事，尤其是宗教，不應二元對立，更不必快意恩仇。

04 慈悲無分別，大愛同歡喜

天國就在你們心裡。

——路加福音（十七：二十一）

二〇一三年，當台灣基督教靈恩派的牧師梁瓊月罵觀音為邪靈時，很多人大驚失色，幾乎難以置信。身為一名從小在保守基督教會成長的基督徒，我完全不覺得這是一件奇特的事，因為很多基督徒的信仰和梁瓊月牧師沒有兩樣，只是沒有公開說出來罵出口而已。你若不信，看看在我臉書網頁裡保守基督徒的發言你就知道，有那一個不是說不信耶穌下地獄，人人非信耶穌不可的？有人一聽我說「基督教不是唯一真理，別的宗教也有真理」，就受不了，非要基督教為唯一且絕對的真理，其它宗教都非下地獄不可，如果不如此相信就不是

真基督徒，然後罵我假牧師。

保守與迷信的基督徒的排他性其實非常強烈，不同的是梁瓊月比較誠實，有些人則嘴裡不敢說，但心裡的確如此相信；當然，或許梁瓊月也不是真的誠實，只是她沒有想到她說的話會傳出去給人聽見，她或許本來只是想說給和她一樣的基督徒聽而已，只是後來不幸有關視頻被播上互聯網，搞到全台全球皆知。

世界各大宗教一直都在改變中，包括基督教，以前不少基督徒以聖經提摩太前書（二：十二）禁止女性講道：「我不許女人講道，也不許她轄管男人，只要沉靜！」，也有人以哥林多前書（十四：三十四）拒絕按立女性做牧師：「婦女在會中要閉口不言，像在聖徒的眾教會一樣，因為不准他們說話，他們總要順服，正如律法所說的。」不少教會現在都改變了，當然，拒絕改變的教會與基督徒還是有的，比如說馬來西亞的聖公會，到今天都以為女人不能做牧師！

對於宗教，我們真的不能迷信，否則令人不願相信耶穌或對基督教反感的，恰恰就是這些自以為敬虔的基督徒！

當基督徒吶喊「信耶穌上天堂，不信耶穌下地獄」，我必須說，在文明的世代，這是最差勁最糟糕的宣教口號。因為這簡直就是蠻不講理的威嚇利誘！

如果信耶穌是為了上天堂，如果上天堂是基督徒人生最重要的事，那我們基督徒不過是一群等死的人！因為唯有死了，我們才有可能上天堂。

在二十一世紀的文明社會，一個真正有愛的人不會開口閉口說人下地獄，也不會咒詛人下地獄，一個真正謙卑的人更不會以為只有自己的信仰才是唯一真理，其它宗教全都是必下地獄沒有真理的邪惡思想，或都是邪靈的傑作。

現今有許多咒罵別人宗教的基督徒往往不了解別人的宗教，甚至對自己本身宗教的精神也把握不住。

基督教神學家Paul Knitter說得好：人類不可能僅靠自身獲得快樂。如果不能與他者分享福祉，那麼我們便不能幸福。如佛陀教導說，除非人類能將慈悲之心給予他者，否則我們無法獲得個人覺悟的智慧；耶穌同樣宣布，除非我們愛鄰人，否則我們不能真正愛上帝或自己。或者如孔子提醒我們說：「已欲立而立人，己欲達而達人。」

有人問我：「空氣大聲對世人說，你們不靠我，還能夠自然的生活嗎？我說，這麼野蠻的空氣，我才不呼吸空氣。結果如何？」

他的意思就是保守的基督徒這種非信耶穌不可，否則必下地獄的主張一點都不霸道！這個比喻我從小聽到大，但是這是非常差勁的比喻。

因為空氣從來沒有強逼人去吸它，它不需要威脅人，也沒有人需要威脅另一個人：如果你不呼吸空氣你就死，你吸不吸？或到處宣傳人一定要呼吸，並說服人去呼吸空氣……如果基督教與空氣一樣，人人不能不信，那我們又何必去宣教何必說不信必下地獄？所以空氣不霸道，創造空氣的神也不霸道，但霸道基督徒的上帝卻像霸君霸王，非要人信不可否則就要你下獄……

其實，「唯有基督教才有真理」或「唯有聖經才是真理」的主張，以及「不信耶穌統統下地獄」的信仰，天主教在上世紀六〇年代的第二梵蒂岡大會中已經修正了，這已不再是天主教會的官方立場。但很多保守的基督徒（特別是在亞洲國家的，所以我常說落後是一個配套）仍然迷信封建時代的信仰，以為上帝與人間君王一樣霸道，自己心胸狹隘，以為上帝也一樣小氣！

我認為每一個宗教都有真理，但沒有任何宗教擁有絕對或唯一與全部的真理，因為宗教始終還是在不同的時空背景下建構，因此受制於時空的局限，難以免於時代的錯誤與偏見，這亦是為甚麼三大一神教的宗教經典都是支持奴隸制的，因為它們產生於奴隸制普遍與盛行的時代；但總的來說，每一個宗教都有可以啟發我們的思想與真理，都值得我們學習，都可以豐富我們各自的信仰與神學。

二〇一五年八月初，我在曼谷參加由世界基督教協進會主辦的基督教與佛教的對話學術研討會，大會邀請我以基督教神學家的身份發表有關佛教與基督教的對話與會通的論文時，我就提到這一點，特別論及佛教的空觀（Sunyata）如何可以豐富基督教的神觀（theology of God）。

宗教的極致，就是讓我們體悟生命，使我們了解存在的終極意義，令我們能從人世間的煩惱解脫，從有限進入無限，無縛生活；宗教經典因此是啟發生命的智慧，不是迷信的對象，不是束縛人心的工具；它是用來拷問自己的靈

魂，不是用來攻擊與論斷，和審判別人的凶器。

職是之故，信仰，必須深心領悟，必須生命實踐，是對信仰者各自個別生命的省思與超脫；聖經是真理的載體，但生命與真理的領悟，必須從自心去尋找。如果不能體悟這一點，基督信仰與聖經不過淪為教條主義和律法主義，使人自滿自大自以為是，最後作繭自縛，與真理漸行漸遠！基督教在歷史上所犯的種種錯誤，深刻說明這一點。如果同志基督徒不明白這一點，我們則與反同基督徒大同小異，只是恰好我們是同志，所以不反同而已！

今天不少基督徒很喜歡動不動就把他人或異己標籤為異端，這些人看重「正統」的信仰過於一切，以為只要一不正統就有問題，就是異端，就是假師傅假先知，然後動不動就論斷別人是假先知是假基督徒。先不論「正統」由誰定義，也不是說正確的信仰不重要，但最重要的不是信仰正確或正統與否，而是一個人的生命有沒有愛！因為在基督教信仰裡，沒有什麼比愛更重要了！

保羅在哥林多前書十三章說得很清楚：……若我們有全備的信，叫我們能夠移山，卻沒有愛，我們就算不得甚麼……。信仰重要，但信仰再正確，信心再大，如果沒有愛，就完全沒有意義！

對保羅來說，基督教最重要的真理就是愛，愛最大！他對哥林多教會說得再直接再明白不過：如今常存的有信，有望，有愛這三樣，其中最大的是愛。（哥林多前書，十三：十三）

愛不是口號，愛是生命的實踐，愛涉及對象。因為愛，耶穌以人的需要與福利為念，甚至不惜因此犯宗教與聖經的誡命，耶穌在安息日工作治病，但聖經說得很清楚：六日要做工，但第七日是安息聖日，是向耶和華守為聖的。凡在安息日做工的，必要把他治死。（出埃及記，三十一：十五）但，耶穌卻說了一句震撼人心的話，耶穌說：安息日是為人設立的，人不是為安息日設立的。（馬可福音，二：二十七）換言之，為了人的好處，為了救人，可以不守安息日！簡而言之，耶穌的信仰是一個以人為本的信仰！這與當時的宗教領袖以聖經為本，以傳統為本，以神為本的神學大相徑庭！耶穌的神學如此革命，如此「異端」，難怪耶穌最後被釘死十架！如果耶穌在今日傳道，他恐怕一樣會被許多傳統保守迷信聖經的基督徒稱為異端！

約翰一書（四：十六）說「神就是愛」，作者的意思不是說神很愛我們，或神很會愛，或神的愛很大，而是「神就是愛！」換言之，神的本性，神自己，就是愛！這恐怕是新約聖經最重要與激進的啟示——神就是愛。

因為愛最大，因為神就是愛，約翰一書的作者又說：凡有愛心的，都是由神而生，並且認識神。沒有愛心的，就不認識神（約翰一書，四：七－八）

一些人可能會說，是不是只要有愛，甚麼事都可以做？當然不是，因為如果有愛，你會考慮你做的事會否傷害人，會否豐富別人的生命，還是剝削別人或剝奪他人的權利，你會考慮你會否講理，因為有愛的人必定是個講理的人！職是之故，做一個有愛的人，比做基督徒更基本，也更重要！

如果我們說我們尊重別人的宗教，卻又說別人的宗教領人下地獄，這無疑是極度的虛偽。尊重就是強調平等，無怪乎神學家保羅尼特（Paul Knitter）和約翰希克（John Hick）等人指出，宗教對話必須有一種正確的態度，即要承認對方也是與自己一樣的平等主體。如果仍然堅持只有自己的宗教才是可以得到拯救的宗教，其他宗教都是異端，那麼宗教對話或者是一種試圖說服對方的變相宣教，或者只能是自說自話、無的放矢。尼特還指出：「僅當基督徒真正向這樣一種可能性開放，即存在許多真實的、拯救性的宗教，基督教是上帝接觸和轉變我們的世界的諸多方式之一，只有那時才能發生真正的對話。」

極端傳統保守與迷信的基督徒，不只以為所有教外人都下地獄，對教內的人，只要對聖經的詮釋和他們不一樣，這些保守基督徒同樣認定這些不信聖經不信上帝的人不是基督徒，結果也都下地獄！

這是一種非常自我與狂妄的態度，我們可以認為別人的詮釋錯誤，甚至批評別人的神學觀點有問題，但怎麼可能因為對方對聖經的理解與詮釋與自己的不一樣，就等於對方不信聖經不信上帝不是基督徒，結果都下地獄？這豈不等於把自己抬高到一個地步，以為自己對聖經的理解就是聖經，自己就是上帝，所以不信你的那一套就等於不信上帝？

無獨有偶，被傳統基督教稱為異端的耶和華見證也恰好正是如此！比如說他們反對輸血，禁止輸血，車禍或意外寧可死也堅決拒絕輸血，他們的理由是因為這是聖經的教導！他們認為「無論是《舊約》還是《新約》，整本聖經都清楚地命令人要禁戒血。（創世記，九：四；利未記，十七：十；申命記，十二：二十三；使徒行傳，十五：二十八，二十九）此外，在上帝眼中，血代表生命。（利未記，十七：十四）因此，我們不吃血，也不接受輸血，不但是因為我們想要服從上帝，也因為我們尊重上帝是生命的賜予者。」結果，所有不認同他們者，他們都以為不信上帝，不信聖經，不是基督徒。

傳統保守的基督徒非常不爽耶和華見證人，可是他們會不會因為耶和華見證人引用聖經就馬上屈服，馬上「悔改」，或以為自己不信聖經不信上帝不是基督徒？可是為甚麼耶和華見證人的無理他們看得出來，但對於自己同樣的問題，卻無動於衷？以為自己一旦引用聖經就解決所有問題而不必講理，甚至把自己對聖經的理解與詮釋等於聖經，把自己等同上帝，結果如果有人不信他那一套就等於不信上帝不遵守上帝的旨意？

很遺憾的是，這「己所不欲，勿施於人」的道理這些保守的基督徒不懂，甚至連耶穌的教導「你們願意人怎樣待你們、你們也要怎樣待人」（路加福音，六：三十一）的道理，他們也不明白！

05 宗教的相遇

一塵含萬象，一念具三千。

——禪林句集

這世上有許多不同的宗教，這是不爭之事實。在二十一世紀，天涯若比鄰，宗教信徒再也不能如過去時代般，一生所交往、認識與相遇的只是自己宗教內的信徒，或只是風聞有關其它宗教的傳言，但從來沒有機會接觸或認識其它宗教的追隨者。過去的人可能可以不去考慮如何與其它宗教信徒交往的問題，因為這不是他們實際生活可能遇見的境況；他們甚至可以武斷地認為其它宗教根本不足掛齒，因為他們也沒有機會在現實生活中認識這些宗教與其信眾。但在現今時代，許多社會其實充滿各種類型的宗教，我們所信仰的宗教不再是我們社會唯一的宗教，我們每天相處與認識的朋友中極可能是甚麼宗教的信徒都有，我們所認識的異教朋友甚至可能比我們宗教內的朋友還多。宗教信徒間應如何相處，宗教信徒如何看待其它宗教與其信徒，往往是許多現代人最現實的問題。

雷蒙潘尼卡（Raimon Panikkar）是著名的西班牙神學家與哲學家，一生致力於宗教對話；他精通十餘種語言，包括梵文和巴利文，著作等身。他擁有三個博士學位，分別是哲學、化學和神學。潘尼卡曾在哈佛大學神學院執教，他一生倡導宗教多元主義。在論及各種不同的宗教相遇時，一般學者提出三種模式，即排他主義、包容主義和多元主義，但潘尼卡提出五種可能的關係模式與態度，分別為排外主義（exclusivism）、包容主義（inclusivism）、平行主義（parallelism）、相互滲透（inter-penetration），以及多元主義（pluralism）。

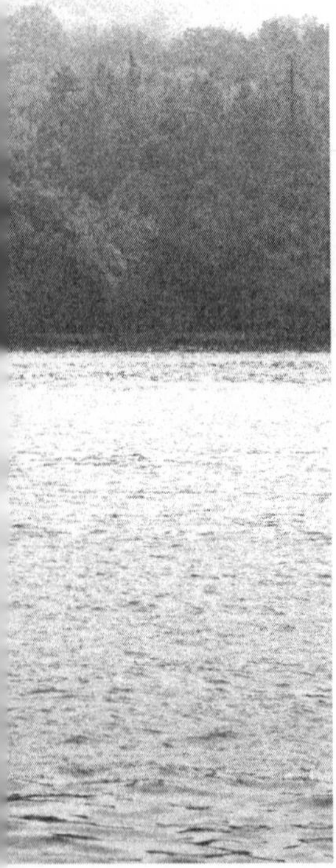

05 宗教的相遇

109

本文根據潘尼卡的五種模式而引伸論述宗教間超過五種微妙差異的關係，即每一種模式其實還可以再分類。

一、排外主義

排外主義在過去社會是非常普遍的宗教關係模式，有關信徒認為唯有自己的宗教才是最真實最美好的，而強烈排斥其它宗教。如果基督教是唯一的真理，那其它宗教就沒有真理，這種「信耶穌上天堂不信耶穌下地獄」就是徹頭徹尾的排外主義。

這種模式其實可以再細分兩大類，第一類是認為自己的宗教最好最美，言下之意，並未完全否定其它宗教的價值，這一類的人也承認其它宗教亦有美好的價值，只是比不上自己宗教的美好，而他的宗教是「最」美好與完全的。第二類則以為只有自己的宗教才是唯一的美好，其它的宗教都不美好，甚至是邪說歪論，根本不是真理，只是領人墮落與下地獄。

但除了上述二類，還有一種也可以歸入排外主義，這是一種對其它宗教不可知論的排外主義，如他會以為自己的宗教才是唯一真理，是唯一得救之道，但他不說其它宗教都是邪惡或錯誤或不能領人得救或解脫，他只會說其它宗教信徒結局如何，他不知道。有些基督徒會說只有信耶穌的人才會上天堂，如果你問他其它不信的人結局如何，是不是都一定下地獄？他會說他不是上帝，所以他不知道，最後一切交由上帝決定。這種口吻肯定會比「信耶穌上天堂不信耶穌下地獄」聽起來沒那麼刺耳，但始終還是避免不了排外，只是沒有明說，只是最後把一切都推給上帝而已。

二、包容主義

包容主義強調與肯定自己宗教的真理，但同時也包容其它宗教，也肯定其它宗教的真理價值和意義，因此對其它宗教是寬容的，採取包容的態度。

包容主義之所以肯定其它宗教的價值，接潘尼卡所言，那是因為我們幾乎不可能不在其它宗教內發現與我們自己宗教相似的價值觀；因此，我們就不可能完全排斥其它宗教。包容主義肯定比排他主義溫和，但我們必須了解很重要的一點即是，包容主義不只是純粹地相信別的宗教是正確的，而是相信別的宗教之所以正確，那是因為其真理包含在我教真理之內！換言之，包容主義認為自己的宗教是唯一真理，而其它宗教之所以亦有價值，那是因為我教真理無所不包，別人的真理其實不是真正屬於別人獨特的真理，而是根植於在我教真理之內；簡而言之，包容主義者認為自己的宗教是最高境界，完全可以用來統一別人。包容主義最好的例子恐怕就是天主教的神學家卡拉納（Karl Rahner），他提出了匿名基督徒（anonymous Christian），換言之，其它宗教信徒也得救，因為雖然他們不是基督徒，但他們是匿名的基督徒，即不曉得自己原來也是基督徒，因為所有真理都是屬於基督教的真理！換句話說，基督教還是獨一無二的，這種包容主義肯定了基督信仰的獨一無二，但卻又沒有像排他主義一樣野蠻地排斥其它宗教，可是仍舊是以基督教為中心。包容主義看起來包容沒有排斥其它宗教，但骨子裡還是以自己的宗教為獨一無二的中心！

所以，每當有基督徒以包容主義來接納其它宗教，自以為自己很開明而沾沾自喜時，我總會問他們，如果佛教徒說基督徒其實都是匿名的佛教徒，或伊斯蘭教徒說基督教也很好，因為基督徒其實是匿名的穆斯林，基督徒會因此覺得對方很開明很偉大嗎？

三、平行主義

平行主義者拒斥與妖魔化其它宗教，但他們也沒有興趣去用自己的宗教去統攝其它宗教來合理化其它宗教的價值，而且甚至有者也無心去了解別人的宗教，結果就強調每個宗教都不一樣，大家實際上是平行的，沒有交際點，井水不犯河水，你努力做好你宗教的信徒，我努力做我宗教的信徒，或許最後殊途同歸，有一共同交匯點，但目前則是大家做好自己就是，不必去議論評論別人，不用否定，也不用肯定。

平行主義的方便之處就是它不必對其它宗教有所了解，可是又不必因此排斥其它宗教。因為平行主義者可以完全不在乎別的宗教之信仰，只要自己深化自己的信仰與神覺就可以了，做好自己，就是最重要的事。但包容主義者至少要去了解別人的宗教，然後論證別人宗教的真理如何可以被自己宗教的真理所統一，有時遇到一些與自己的宗教產生矛盾，難以統一的教義時，可以是一件非常傷腦筋的一件事。但平行主義者則可以完全避免這困難。但，在現實來說，如果我們對宗教歷史有所了解，強調宗教平行，從不相碰聯結，這不只困難，幾乎是不可能的事。基督教新教從天主教改革出來，至於耶穌由始至終都是猶太教徒，整個以基督為本的信仰，其實源於猶太教，基督徒相信耶穌就是猶太教的彌賽亞；換句話說，如果不是首先相信猶太教，就不可能相信耶穌是基督！所以，基督教的聖經，也包括了猶太教的希伯來聖經，即基督徒所謂的「舊約」。因此，怎麼可能說宗教一直平行，沒有交合點？因此平行主義其實迴避了宗教相互影響的歷史事實！

四、相互滲透

十七世紀著名英國詩人約翰多恩（John Donne）有一首膾炙人口的詩——沒有人是一座孤島：沒有人是一座孤島，可以自全。每個人都是大陸的一片，整體的一部分……。猶太教神學家亞伯拉罕何書亞（Abraham Joshua Heschel）在一九六六年發表一篇文章，題為〈沒有一個宗教是一座孤島〉（No Religion Is An Island），令人耳目一新。他說，沒有一個宗教是一座孤島，我們其實相互影響，宗教孤立主義（religious isolationism）是一個迷思神話，他舉猶太宗教為例，指每一個宗教或多或受都受其它宗教影響，也影響其它宗教。

潘尼卡表示如果我們對其它宗教認識越深，對別人的宗教越敏感，我們就會發現別人的宗教其實並不是那麼與我們完全迥然不同，我們可以在別人的宗教中看見自己與認識自己。這當然不是意味我們的宗教完全沒有獨特性，而是別人的宗教在與我們不相似，甚至衝突的時候，不只是挑戰我們的信仰，它更可能可以豐富我們的信仰！

沒有一個宗教對我們來說，是完全異己的，我們可以在別人的宗教發現自己，我們也可以在自己的宗教發現別人，宗教與宗教之間，其實可以相互補充，甚至相互糾正。這種模式有別於平行主義的河水不犯井水，更勝於武斷專橫自以為是的排他，也優於鯨吞他人的包容主義。但潘尼卡同時也指出，這種模式的挑戰在於如何解決宗教不可相容與矛盾的教義，對於一些不可相容性的解釋會否往往只是解釋者單方面的一廂情願。

這種相互滲透的模式其中一個例子是耶穌的思想受佛教影響，甚至耶穌曾到印度學習的傳言。有此傳言因為聖經記述耶穌三十歲開始出來傳道，但對他三十歲以前發生的事，聖經隻字不提，完全沒有記載，結果那些相信耶穌受佛教思想影響的，就因此臆測耶穌在這之前去了印度。保守基督徒因為排外主義的關係，對這種說法肯定受不了，至於篤信包容主義的基督徒也未必好受，因為這情況不再是他們想像與願望中基督教居高臨下在包容佛教，而是佛教在包容基督教，意味基督教的真理來自佛教的真理，這其實也間接說明佛教比基督教優越。我對耶穌去印度學習而受佛教影響的假說不以為然，倒不是因為這影射佛教比基督教優越；坦白說，我完全不在乎佛教比基督教優越，因為我一點都不堅持基督教最優越，我更在乎與置疑的是這種前提假說是否有足夠的證據支持，還是這只是包容主義者或傾向相互滲透理論的人一廂情願的看法與主觀願望使然的誇張想像；至於相像也不是問題，但我們至多把它視為是一個非常有創意的假設理論，而不應把這假設當作事實，繪聲繪影，以為歷史事實。

五、多元主義

對潘尼卡而言，多元主義其實是宗教的態度，而不是一個超級體系，這是一種宗教之間對持續對話的開放態度。這是一種放棄了自己的宗教是絕對的主張的一種對話態度，而對話的前提不是為了說服對方降服自己的宗教，而是聆聽與了解。潘尼卡指出，多元主義不是否定差異，也不是嘗試去統一宗教間的客觀差異或解決客觀難題，而是從各方面嘗試去認識與了解對方，放下唯我獨尊，凌駕他人，還有只有我才有真理，或我教比其它宗教更正確更優越的預設立場。

多元主義者相信宗教是人對宇宙間終極存有與神聖存在在人類社會與歷史中的追求，因此所有的宗教都是對真理的渴慕與追求，還有神聖存有經驗的回應，因此都有其價值，但亦有其局限，因為宗教活動是人在特定歷史時空背景下的活動，結果亦受歷史條件所制約，是社會建構的結果，均有其不足之處。職是之故，宗教不等於真理自身，宗教是人類追求真理的不同形式與活動，在至聖與至善的真理之前，宗教平等。

由是觀之，多元主義不是五教合一或萬教歸一，而是承認各個宗教的差異與價值；因此，宗教多元主義不是大一統的另一種宗教。

宗教多元主義也不等於相對主義，這恐怕是許多人對多元主義最普遍的誤解，以為多元主義就等於所有的宗教教義或信仰都相對的正確，或以為完全沒有絕對的觀念，是一種不受限制，完全沒有原則的放任主義。相對主義其實是自相矛盾與自我擊潰的哲學思想，因為相對主義以為一切相對，如果真是一切相對正確，那否定相對主義的思想豈不也相對正確，換言之，相對主義在被他人指責為錯誤時不能說別人說他的評價是錯誤，那他豈不承認自己不對？如果一切相對而沒有絕對，相對主義者是否也必須承認自己不是絕對正確？因此，多元主義不是相對主義；多元主義相信每個宗教都有其價值與意義，但由於都是人類的社會活動，因此亦有其局限與缺憾。這種對人類思維與活動有所不足的了解與認知，使多元主義者因此謙虛而以為自己絕對正確或已掌握絕對真理，使多元主義者可以有更寬闊的心胸去接納異己；正因為如此，多元主義倡導對話，而對話不只是為了改變別人，也是為了改變自己。

多元主義的一個最重要前提是：認識人不過是人！道可道，非常道。

06 盲人摸象

我是用奶餵你們，沒有用飯餵你們。那時你們不能吃，就是如今還是不能。

——哥林多前書（三：二）

盲人摸象是一個膾炙人口的小故事，很多小學課本都有這個故事。這故事主要的教訓是我們不應只憑自己對事物非常片面的瞭解，就妄下結論，以為自己對事物的局部經驗，就是全部事實本身，自以為掌握絕對真理而亂加猜測，並企圖做出全面的判斷。

盲人摸象是一個非常古老的故事，很多人不曉得這其實是一個被宗教導師使用的宗教比喻與故事，具有非常深厚的宗教意義，可以闡述與體現宗教多元思想。

十三世紀伊斯蘭宗教蘇菲派（Sufism）的波斯詩人魯米（Rumi），在他非常著名的第三冊詩集《瑪斯納維》（*Masnavi*）中，就提到盲人摸象的故事，他主要是論及我們人類知識的不足與局限，就像是故事中摸象的盲人一樣，難以認清與了解事實與真理的全貌。

這故事其實也可以在更早的Tipitaka，即南傳大藏經中發現，北傳佛教的〈長阿含經〉同樣也有此故事。據考察，盲人摸象的故事最早大概起源於印度，很有可能來自佛教，或更早的耆那教（Jainism）或印度教。

盲人摸象的故事在《涅槃經》卷三十載：「其觸牙者，即言象形如萊茯根（蘿蔔）；其觸耳者，言象如箕；其觸頭者，言象如石；其觸鼻者，言象如杵；其觸腳者，言象如木臼；其觸脊者，言象如床；其觸腹者，言象如甕；其觸尾者，言象如繩。」

盲人摸象這個故事至少有三個要點，第一是指人對事實認知的不足與無知；第二是指人性中的自大，無知加上自大，以為了解一點就掌握全面，結果其禍

害就比純粹的無知來得更大；第三則是旨在指出一事實總有不同面向，而全體事實往往比我們想像中複雜，不要以為可以單憑一己經驗就可掌握全部事實，如果以為我們的個人經驗就是事實的全部，那不只無法了解真相，甚至全然錯誤，就是摸象的盲人，有者竟然以為大象與繩子無差！由於摸象的盲人看不見其它人的經驗，又不願聆聽其它人的經驗，不只絕對化自己的經驗，把自己的經驗等同於事實，甚至完全無視於自己是盲人的事實，無知於自己的無知，還以為自己全知，這其實是一種比單純無知更可怕的事！

由是觀之，宗教多元思想的最大的絆腳石，往往不只是無知，而是這種無知於自己無知的心態，甚至還以為自己掌握全部與絕對真理，結果拒絕對話，拒絕聆聽，並把異議者一律視為邪惡，不能得救。

十八世紀蘇格蘭哲學家大衛休謨（David Hume）在其著作《宗教的自然史》（*The Natural History of Religion*）中，對一神宗教（monotheism）頗有微言，他批判一神宗教如猶太教、基督教和伊斯蘭宗教思想狹隘，排他思想強烈，對異教異己非常不寬容；相比之下，他更推崇多神宗教（polythesm）。

很多一神教徒的確有休謨所指出的問題，一神宗教所強調的對「唯一」真神的敬拜與信仰，令許多一神教徒把自己的宗教抬高到一個至高無上的高度，結果難免傾向霸道與自以為義。如果我們認為自己所信仰的宗教是唯一與絕對正確的，我們的神才是真神，那其它人的信仰與宗教，自然就等於錯誤了，其它宗教的神就是假神或不是神了，或甚至是假裝神的惡魔。持有這種思相與信仰的人，又怎麼可能對其它宗教寬容，或願意與其它宗教站在一個平等的地位上溝通與對話？如果我們已認定自己的宗教才是唯一的絕對真理，那其它宗教不過是歪論，這些宗教不但根本就沒有甚麼是值得我們學習的，我們甚至應當義不容辭地站在絕對與唯一真理的立場上——也就是我們的宗教，嚴厲批判與大力反對這些與我們宗教迴異的錯誤與虛假的信仰與思相，對這些宗教，我們根本不需尊重，因為我們不應尊重與絕對真理絕對對立的邪惡與錯誤！

不過，我欲在本文指出的是，這種自以為是的問題絕不只局限於一神宗教，這種心態在多神宗教，甚至無神宗教的信仰裡都會有，只是一神宗教的絕對與唯一神的觀念更容易激化這種自以為是的心態，但不代表其它宗教裡的信徒完全沒有這問題；而同樣的，多元宗教的思想一樣也可以在一神宗教的信仰中找到支持者。

儒教、道教、佛教和印度教不屬於一神宗教，但他們的信眾有人同樣可如一神宗教的信徒般以為唯我獨尊而排斥其它宗教。中國唐代傑出的思想家韓愈，曾經寫了〈論佛骨表〉諍諫，斥佛教為夷狄，他在〈論佛骨表〉中提到「佛者，夷狄之一法耳，自後漢時流入中國，上古未嘗有也」。對他而言，佛教不只是外來宗教，而且劣於中國的聖人之道，所以他在〈與孟尚書書〉中不只否認自己是佛教徒之說，反而還說「何有去聖人之道，舍先王之法，而從夷狄之教，以求福利也」，意即以為佛教不如中國文化，夷狄本該進於中國，向中國學習先王之教，怎麼反而是中國學習夷狄之法？

至於北宋文學家，與韓愈、柳宗元、蘇軾、蘇洵、蘇轍、王安石、曾鞏被世人稱為「唐宋散文八大家」的歐陽修，同樣大力排佛，他在〈本論〉中提出排佛三大理由，一是佛教傳入中國千年，對政教有害無益；二是佛教「棄其父子，絕其夫婦」；三是佛為夷狄之人，其法不應行於中國。

至於受到王安石推薦，入朝做官的張商英，則是佛教徒，大力支持佛教，他為文反駁韓愈和歐陽修，在〈護法論〉中說「儒者言性，而佛見性；儒者勞心，而佛者安心；儒者貪著，而佛者解脫；儒者喧嘩，而佛者純靜；儒者尚勢，而佛者忘懷；儒者爭權，而佛者隨緣；儒者有為，而佛者無為；儒者分別，而佛者平等；儒者好惡，而佛者圓融；儒者望重，而佛者念輕；儒者求名，而佛者求道；儒者散亂，而佛者觀照；儒者治外，而佛者治內；儒者該博，而佛者簡易；儒者進求，而佛者休歇。不言儒者之無功也，亦靜躁之不同矣。老子曰：『常無欲以觀其妙。』猶是佛家金鎖之難也」，言下之意，佛教完全高於儒教儒學，比較優越！

至於在南傳佛教中的重要經典《法句經》中也有強調四聖諦八正道才是「唯一」與絕對的的經文，如《法句經》二七三以及二七四「諸道八支勝，諸諦四句勝，諸法離欲勝，兩足具眼勝。此乃唯一道，清淨諸知見」。職是之故，如果有佛教徒以此經文以為唯有佛教才有解脫之道，其它宗教都不能解決人生終極問題與苦難，也不是不可思議之事，就如不少基督徒會以使徒行傳

（四：十二）強調除耶穌以外，「別無拯救；因為在天下人間，沒有賜下別的名，我們可以靠著得救」，並以此排斥其它宗教與宗教多元思想。

至於休謨所推崇的多神教如印度教，其信眾同樣可以如一神教的信徒般思想狹隘與排外。印度教的信徒曾經把印度的宗教規劃為兩大類，一類是相信吠陀經（Vedas）為「神的話」（sruti）的確信者（astikas）和拒絕吠陀經的否認者（nastikas），而後者包括了耆那教徒和佛教徒。

第七世紀的印度Mimamsa哲學學派的主要代表人物庫馬里拉（Kumarila）不只公開激烈批評佛教，甚至勸告當時的國王King Sudhanvan為了解決佛教的問題，應將佛教徒都殺死，不論年長或年幼！第四世紀非常著名的印度教經典Visnupurana甚至表示應完全禁止與佛教徒溝通交流，不應與佛教徒有任何社交關係，因為佛教徒是「不淨」的。另一本印度教的經典Kalkipurana，受Visnuparana影響，在論及Kalkin，也就是毗濕奴（Vishnu）未來的化身時說，Kalkin將會為印度教帶來黃金的真理時代，屆時將在一場決死戰中完全將耆那教徒與佛教徒都完全消滅！

明顯的，多神教未必會對異教更加寬容。

雖然佛教徒在印度曾經被誤解與逼害，可是一些佛教徒對異教徒的態度，同樣令人不敢恭維。斯里蘭卡古代巴利文極重要的歷史文獻〈大史〉（Mahavamsa），採用編年史詩體記述佛教在第二世紀發生在斯里蘭卡（古稱錫蘭）國王Duttagamani和淡米爾國王Elara之間的一場戰爭。Duttagamani國王最後擊敗淡米爾王，數千淡米爾人在戰爭中死亡，Duttagamni為此非常內疚，〈大史〉記載這時有八名阿羅漢（Arahats）向國王顯現並安慰他，告訴他只是導致一・五位人死亡，一名佛教僧侶與一名在家佛教徒，「其餘在戰爭中死去的不過是動物」，阿羅漢也告訴Duttagamani不用擔心任何因為在戰爭中殺人的業報，因為他使佛教從此發揚光大！其實一直到今日，斯里蘭卡的佛教徒和印度教徒依然關係緊張，而印度教的淡米爾人依舊被一些佛教徒逼害。

佛教徒不是一神宗教，也不是多神宗教，佛教可能是這麼多宗教中對異教最寬容的宗教。印度阿育王在他雕刻於岩石上的誥文中，有一則明言宣稱：「不可只尊敬自己的宗教，而菲薄他人的宗教。應如理尊重他教，這樣做，不但可幫助自己宗教的成長，而且也對別的宗教盡了義務。反過來做，則不但替自己的宗教掘了墳墓，也傷害了別的宗教。凡是尊重自教而非難他教的人，當然是為了忠於自教，以為『我將光大自宗』，但是，相反的，他更嚴重地傷害了他自己的宗教。因此，和諧才是好的。大家都應該諦聽，而且心甘情願地諦聽其他宗教的教義。」但縱使如此，佛教還是有「外道」的概念，還是有些佛教徒可能會把其它宗教視為外道，並因此等同於「邪見」，有人可能也會引用《別譯雜阿含經》卷十一所說：「爾時，須達於彼外道異見眾中，作師子吼，令諸外道邪見之心，皆悉息已」而攻擊排斥其它宗教。

我欲在本文嘗試指出的是，任何宗教都可能產生排他的思想，任何宗教都有極端與保守，並且自以為是的信徒。這種不寬容與排他的思維不只存在於一神宗教，雖然一神宗教的信徒最容易有排他與唯我教獨尊，唯我神獨真獨大的傾向，但重點恐怕不在於宗教，而是人心與人性。

再回到盲人摸象的故事，如果我們忽視了自己不過是人的事實，而人的知識與認知是有限的，我們則難免狂妄自大地以為自己所經驗的就是事實全部與一切，以為自己所認識的就是全部真理；一旦如此相信，我們自然會排斥一切與我們知識和經驗相反的宗教信仰，以為是與真理對立的歪論邪說！除非我們認識自己的認知有限，就如摸象的盲人一樣，否則我們肯定拒絕聆聽異教者的異見。

人不是神，人不過是人，我們總是佔據在某一個地理位置與思想點上看事物，我們當然也可以嘗試站在不同的角度與思想點看事，但絕對沒有可能站在一個全然超越個人局限的角度觀看所有世事。我們評論與看事的角度，都有盲點；由是觀之，我們不應太倉促批評別人的宗教，或論斷自己不熟悉或研究不深的宗教，以為只有自己相信的才是絕對與唯一的真理；因為有太多時候我們不知道自己不知道。這可能是最難以避免的無知，因為這是雙重無知，明乎此，我們就更當謹慎，不能妄對異教下負面的結論，而應多認識多觀察多學習多溝通。這種自知無知的謙虛與開放，不只必要，而且正是宗教多元思想的起點。

07 開放的宗教，封閉的人

不見自性外覓佛，起心總是大癡人！

——〈六祖壇經〉付囑品第十

二〇一四年三月，台灣。媽祖遶境前夕，互聯網上流傳基督教牧師進行「去邪靈儀式」的影片，影片中的牧師稱「三太子和王爺公是最低級最髒的邪靈」、「瘋媽祖及佛祖的相關產品都是魔鬼的行為」、「大甲鎮瀾宮媽祖遶境會造成水災」、「拜濟公這個邪靈會害人去性侵害別人」。影片中的牧師還表示，媽祖遶境的鄉鎮，幾十年都是台灣最落後的地方、國土下沉，沒有經過的地方就發展很好，「這是靈界黑暗力量！」云云。

雖然基督教神學百花齊放，但時下許多基督徒，特別是亞洲國家的基督徒

仍給予一般人強烈排斥異教的形象，不少華人世界的基督徒甚至指異教徒拜邪靈，甚至有人連華人傳統的祭祖文化亦形容為祭拜魔鬼。舉凡一般一神宗教的信徒均有這種唯我教獨真的排外思維。

天主教過去曾經以為天主教會以外無救恩，甚至不認為新教徒即基督徒可能得救，教宗博義八世（Boniface VIII）在一三〇二年的通諭中斬釘截鐵地強調：「信仰要求我們相信並堅持一個至聖至公和宗徒的教會；我們堅信她，並且無條件地忠於她；教會以外既無拯救，也無救贖……，而且，效忠羅馬教宗對每一個人的拯救都是絕對必要的」；至於在一四三八至一四四五年召開的佛羅倫薩大公會議（Council of Florence）也宣稱：天主教會以外的人，不只是異教徒，而且猶太教徒，異端，教派分裂者，都不能成為永生的享有者；他們除非在死亡前加入天主教會，否則就會墮入為魔鬼及其手下預備的永火之中！換言之，不是天主教徒的基督徒必下地獄。

現今人或許很難想像這是天主教會說的話，它或許更像時下不少亞洲基督徒可能說的話。如今天主教會不但痛改前非，與新教徒和好，甚至也認識到其它宗教同樣值得我們尊重，同樣有真理，教會沒有能力壟斷真理，教會更不應以為唯我獨尊！但遺憾的是，天主教會在這方面有明顯的進步與改革，但許多基督徒卻反而不進則退，越發驕傲自以為是，有些人甚至連天主教會也排斥，完全無知於基督新教來自天主教，天主教的傳統亦是新教的大傳統的歷史事實。基督新教徒當年是被主流教會咒詛與逼害的受害人，但許多基督徒（特別是在亞洲華人社會的）今日卻成了歧視別人的施害者。這是何等諷刺與令人痛心的事！

天主教會在二十世紀六〇年代的梵蒂岡大公會議中的《教會憲章》Lumen gentium和Nostra aetate肯定其它宗教的價值與非基督徒的宗教信仰，明顯指出天主公教絕不摒棄其它宗教的真理因素，「並且懷著誠懇的敬意，考慮他們的做事與生活方式，以及他們的規誡與教理……雖然在許多方面與天主公教所堅持，所教導的有所不同，但往往反映著普照全人類的真理之光……」甚至表示教會應勸導信徒，「應以明智與愛德，同其它宗教信徒交談與合作……同時承認與維護並宣導那些宗教徒所擁有的精神與道德，以及社會文化的價值」。

教宗若望保祿二世在一九七九年頒佈的《人類救主》通諭（Redemptor hominis）再次肯定梵二會議的精神，強調在不同宗教中，也「有著唯一真理的許多圖像，『聖言的種子』，證明所取的道路雖然不同，但只有一個目標；就是人心在追尋天主時所表達的深切願望」；換言之，教宗認為其他宗教雖然與信仰基督的宗教有別，但其最終的目標是相同的。他不只肯定其它宗教的價值，甚至還更進一步表示「有時候非基督宗教的信徒的堅強信仰——這種信仰也是真理之神在妙體的有形界限以外所引發的成果——能叫基督徒慚愧」！

這種思想與十四世紀的教宗博義八世（Boniface VIII）的教會以外無救恩明顯有別。

一般保守基督徒堅持只有基督教擁有真理，這是基於聖經幾節經文非常保守解讀，如約翰福音（十四：六）「耶穌說我就是道路、真理、生命；若不藉著我，沒有人能到父那裡去」；使徒行傳（四：十二）「除他以外，別無拯救；因為在天下人間，沒有賜下別的名，我們可以靠著得救」；提摩太前書（二：五）「因為只有一位神，在神和人中間，只有一位中保，乃是降世為人的基督耶穌」；約翰福音（三：十八）「信他的人不被定罪，不信的人罪已經定了，因為他不信神獨生子的名」；約翰福音（三：三十六）「信子的人有永生，不信子的人得不著永生，神的震怒常在他身上」；馬可福音（十六：十六）「信而受洗的，必然得救；不信的，必被定罪」。但有趣的是，馬可福音（十六：十六）以後緊接來的兩節經文，保守基督徒卻往往視若無睹：信的人必有神蹟隨著他們，就是奉我的名趕鬼；說新方言；手能拿蛇；若喝了甚麼毒物，也必不受害；手按病人，病人就必好了。

這種獨斷排外的經文不只在基督教聖經內出現，在伊斯蘭教的古蘭經內同樣有不少，如：他降示了辨別真偽的準則《古蘭經》。凡不信仰阿拉的跡象者，他們必受嚴厲的刑罰。阿拉是全能的，掌管報應的（三：四）；不信仰者，他們的財產和兒女絕不會有助於他們抵禦阿拉的任何刑罰。這些人確是火獄的燃料（三：十）；你對不信仰者說：「你們將被擊敗，你們將被集合於火獄。」（三：十二）；至於不信仰者，我將在今世和後世嚴懲他們，他們絕沒有任何援助者（三：五十六）；誰捨伊斯蘭教而尋求別的宗教，誰所尋求的絕不會被接受，誰在後世必是損失者（三：八十五）。

以上均是不少保守穆斯林引用來否定宗教多元主義的古蘭經。保守一神教的信徒的問題其實在宗教比較學裡是明顯易見的，他們往往以為只要能在宗教經典找到一句經文合理外排他思想，那他們的定論就能成立，而世人都必須尊他們的宗教為唯一與絕對真理。這種思想不只膚淺，而且非常天真幼稚。若事實真如保守信徒相信般簡單，那其它一神教信徒如果也能從各自宗教經典找到自己的宗教是唯一真理的經文時，他們又憑甚麼拒絕否定對方的宗教？保守基督徒會否因為古蘭經有一句「誰捨伊斯蘭教而尋求別的宗教，誰所尋求的絕不會被接受，誰在後世必是損失者。」（三：八十五），結果就改信伊斯蘭宗教？如果不會，保守基督徒又憑甚麼以為自己以一句除耶穌以外「別無拯救；因為在天下人間，沒有賜下別的名，我們可以靠著得救。」（使徒行傳，四：十二）而基督教就是唯一真理，並要別人改信基督教？

慶幸的是，這種排他主義的思想在全球化與資訊時代的二十一世紀已經日益突顯其矛盾與荒謬，越來越多一神教內開放的神學家與信徒更加重視宗教經典內的多元思想。基督教如此，伊斯蘭教也一樣，Momoud Ayoub，Abdulaziz Sachedina，Fathi Osman，Said Nursi等人都是其中傑出的宗教多元主義代表人物。

這些開放的穆斯林神學家與學者指出，古蘭經其實有更多對異教寬容，甚至肯定異教徒宗教的經文，如：每個民族都有一位使者，當他們的使者來臨時，他們之間的事將被秉公判決，他們不受虧待（十：四十七）；凡是我所派遣的使者，〔派遣時〕均用他的族人的語言，以便他向他們闡明〔我的啟示〕。阿拉欲使誰迷誤，就使誰迷誤；欲引導誰遵行正道，就引導誰遵行正道。他是全能的，最睿智的（十四：四）；我的確依真理派遣你作報喜者和警告者。任何一個民族，都有一位警告者在其中生活過（三十五：二十四）。

換言之，在每一個民族與社會都有真主的使者，對這些神學家而言，其它社會與民族中不同宗教的教主都是真主的使者，我們不需排斥他們。這段經文更進一步肯定非伊斯蘭教：每個民族都有一個自己〔在宗教活動中〕面對的方向，因此，你們當爭先行善。無論你們在哪裡，〔復活日〕阿拉都將把你們集合起來。阿拉對萬事確是萬能的（二：一四八）。

至於其它的一神宗教如猶太教和基督教，同樣在古蘭經中被肯定，如：他〔阿拉〕為你們制定了〔同樣的〕宗教〔伊斯蘭教〕，那是他曾制定給努哈的，也是我所啟示你〔穆聖〕的，以及我所制定給伊布拉欣、穆薩和爾薩的，〔並重申〕：「你們當謹守正教，你們不要在正教中分宗派。凡是你〔穆聖〕所召喚拜偶像者的，他們感到難於忍受。阿拉選擇他所意欲者遵行正教，引導歸信〔並順從〕者遵行正教。（四十二：十三）這段經文中的爾薩就是耶穌在阿拉伯文的譯名。至於以下這兩段經文，更明文提及與肯定猶太教與基督教的價值：信士們，猶太教徒，基督教徒和薩比教徒〔原生活於伊拉克境內〕，誰信仰阿拉和末日並行善，他們在他們的主那裡將獲得他們的報酬。恐懼不會降臨他們，他們也不憂愁（二：六十二）；信奉伊斯蘭教者，信奉猶太教者，薩比教徒和基督教徒，誰信仰阿拉和末日並行善，恐懼不會降臨他們，他們也不憂愁。（五：六十九）

古蘭經甚至指出基督教中的排他主義是十分錯誤與要不得的，換言之，伊

斯蘭的信徒亦必須避免這種錯誤：他們說：「除猶太教徒或基督教徒外，其他人都進不了樂園。」這是他們的妄想。你〔穆聖〕說：「你們拿出你們的證據來吧！假如你們是誠實者。」（二：一一一）

宗教經典是宗教信徒的指南，但盡信書不如無書，神的智慧又豈能被一兩句經文，或甚至一本書所局限？一神宗教信徒中宗教排他主義最大的問題往往就是以為一切自己的經典說了算，而且更甚的是迷信字句，而不是把握宗教經典的精神，結果盡信書不如無書！對此，基督教聖經有一句：字句叫人死，精意叫人活（哥林多後書，三：六）；伊斯蘭宗教的古蘭經也說：假如用大地上所有的樹做成筆，以海水做墨汁，並且再加上七個海的海水做墨汁，也不能寫盡阿拉的語言。阿拉確是全能的，最睿智的（三十一：二十七）；換言之，我們不能迷信文本，不要以為經典就完全代表神，因此不應拘泥於經典的字句，盲目崇拜，不假思索。

身為基督教神學家與牧師，我必須說，今天有很多人排斥基督教，對基督徒所傳的福音反感，基督徒本身必須負上很大的責任！因為有太多基督徒，特別是在亞洲國家的基督徒，已經把福音簡化為「信耶穌上天堂，不信耶穌下地獄」威嚇利誘的極權主義；基督徒的狂妄、自大與驕傲成為了許多人聆聽與接受基督福音的絆腳石，使人看不見基督的大愛，看不見「福」音，只見基督徒對其它宗教的輕蔑，無知與驕傲。基督徒必須在這方面痛定思痛地反省與自我批判！

08 基督教的多元宗教思想

我們如今彷彿對著鏡子觀看，模糊不清（原文作：如同猜謎）；到那時就要面對面了。我如今所知道的有限，到那時就全知道，如同主知道我一樣。

——哥林多前書（十三：十二）

聖經做為基督宗教最重要的經典，幾乎可以用來合理化任何神學思想，過去基督徒曾引用聖經合理化奴隸制，反對解放奴隸，但聖經同樣亦被一些基督徒引用來推展解放奴隸運動，雙方都能在聖經找到合理化各自立場的經文。基督教原教旨主義者會引用以下經文來支持排外主義：耶穌說我就是道路、真理、生命；若不藉著我，沒有人能到父那裡去（約翰福音，十四：六）；除

他以外，別無拯救；因為在天下人間，沒有賜下別的名，我們可以靠著得救（使徒行傳，四：十二）。至於包容主義也可以在聖經裡找到一些經文來合理化其立場：他在從前的世代，任憑萬國各行其道，然而為自己未嘗不顯出證據來，就如常施恩惠，從天降雨賞賜豐年，叫你們飲食飽足、滿心喜樂；原來，各國中那敬畏主、行義的人都為主所悅納。（使徒行傳，十：三十五）多元主義者一樣可以在聖經裡找到論據經文：耶和華說：以色列人哪，我豈不看你們如古實人嗎？我豈不是領以色列人出埃及地，領非利士人出迦斐託，領亞蘭人出吉珥嗎？（阿摩司書，九：七）由此經文可見，神一視同仁，這與約翰一書（四：七）可謂前呼後應：親愛的弟兄阿，我們應當彼此相愛，因為愛是從神來的。凡有愛心的，都是由神而生，並且認識神。換言之重點是愛，只要有愛，「凡」有愛心的，都認識神！

因此，排外主義、包容主義和多元主義，三者之間孰是孰非的問題之答案，就不能單純地希望可以由聖經的文本字意，尤其是從字意主義（literalism）的解讀方法中獲取。自古以來，基督教所犯的種種歷史錯誤，包括逼害科學家等，幾乎沒有一件是當時的基督徒沒有引用聖經合理化的，或在聖經找到出處與根據的，而當時的基督徒都以為自己對聖經的解讀絕對正確，而持異議者都絕對錯誤！

有鑑於此，我們就不能不謹慎，必須從歷史汲取教訓，切切不要以為只要引用聖經，或在聖經中找到根據，一切都可以因此合理化。但與此同時，這亦不意味我們可以完全忽略聖經，或完全不在乎聖經的經文；而是我們必須慎防一種主張與思想，以為所有問題的答案都可以在聖經獲得，而之後我們可以完全漠視，甚至違反事實，包括自然科學、社會科學，以及人文科學。

基督教的排外主義者在面對不同宗教時，基本有兩種態度，第一就是相信基督徒是不需要尊重其它宗教的，也不需要和他們對話，因為唯有基督教才是絕對的真理，所謂信耶穌上天堂不信耶穌下獄，其它宗教都是錯誤都不能得救，我們何必尊重錯誤？第二種態度則是他們嘴裡會說我們應尊重其它宗教，但堅持其它宗教都是錯誤的，所謂信耶穌上天堂不信耶穌下地獄。這兩種態度基本上是一樣的，第一種純粹霸道；第二種乍看之下沒有那麼霸權，但骨子裡其實不只霸道，而且虛偽，嘴裡說尊重，但又一口咬定別人絕對錯誤，大錯特錯必下地獄，這種「尊重」又從何談起？你是否可以想像有人說尊重你的父母，但又罵你父母是邪靈惡魔，這是哪一碼子「尊重」？但在二十一世紀的文明時代，流行說尊重，結果許多保守基督徒不敢不說尊重，但遺憾的是剛說好尊重，又說別人一定因為不信耶穌而下地獄，甚至說別人在拜鬼拜邪靈，完全沒有尊重之實。

排外主義的前提不只是自己的宗教絕對的正確，對方宗教絕對錯誤，而且還以為自己絕對地知道自己絕對的正確，自己已絕對掌握絕對的真理，而其它宗教都是絕對的錯誤，唯有信耶穌才可以上天堂，其它宗教信徒絕對下地獄！這種絕對自以為是的態度與信仰其實非常狂妄自大，大有問題。

保守基督徒這種自以為絕對正確，以為自己絕對掌握絕對真理的心態，不只與事實不符，除非有人以為自己全知全能，同時亦不符合聖經的教導。保羅對哥林多教會的基督徒說：我們如今彷彿對著鏡子觀看，糢糊不清（原文作：如同猜謎）；到那時就要面對面了。我如今所知道的有限，到那時就全知道，如同主知道我一樣。（哥林多前書，十三：十二）我們如今所知有限，有誰可能絕對肯定一切，甚至以為自己絕對掌握絕對真理？過去許多基督徒的錯誤，無論是逼害科學家，以為地球不動太陽動，支持奴隸制等，不一再證明基督徒的知識有限嗎？我們又憑甚麼以為我們與過去基督徒絕對不同，比他們絕對聰明，他們可能犯錯，但我們是絕對掌握真理，絕對不會犯錯？我舉歷史為例，不是以此證明由於過去的基督徒錯了，所以現在的基督徒也錯了，這是荒謬的結論；而是強調這些歷史實例說明基督徒是不可能絕對不會犯錯的，因此以為自己絕對不會犯錯，以為自己絕對掌握絕對真理而絕對排外，不只是危險自大的思維，也是不符合事實的信仰。

宗教多元主義是否違反基督教會的傳統？這不是一個簡單的問題，因為教會對異教徒的態度從來不只一個傳統！所以多元主義的確違反一些教會的傳統，但也符合另一些傳統。過去教會甚至認為教會以外無救恩，教會以外無救恩最先是第三世紀拉丁主教居普良（Cyprian）的名言：*extra Ecclesiam nulla salus*。十五世紀的佛羅倫薩大公會議（Council of Florence）甚至宣稱任何人只要不是在羅馬天主教之內都被因此下地獄，按這教會傳統，基督徒也會下地獄，因為不屬於羅馬天主教！十六世紀的特倫托大公會議（Council of Trent）同樣認為相信基督新教，如馬丁路德與其追隨者都是咒詛的，更何況是其它宗教，尤其是無神論的佛教？這，就是教會的傳統。但特倫托大公會議同樣也說那些內心正直善良的人，縱使不認識基督的福音，也會得救。

在基督教會內倡導宗教多元主義最力的先驅可能是約翰希克（John Hick），他是當代著名的神學家與哲學家。他曾擔任美國克萊蒙大學Danforth教授，並在英國伯明翰大學執教，著作等身，至少有十本著作已被翻譯成中文，是基督教宗教多元論的代表人物；他的多元宗教神學被喻為在基督教神學界掀起一場哥白尼式的革命。

希克的宗教多元主義的主要觀點是世界各大宗教是人類對超驗終極關懷或終極實在的追求與回應。對他而言，世界各大宗教，簡而言之，就是世人追求真理的文化方式，是「各種文化傳統在回應終極實在過程中形成的多元精神生活圖式」，「體現了對實在者或終極者的不同知覺過程和相應的概念回應；在世界各大信仰中，人們明顯能夠觀察到幾種同樣發生的過程，這就是人類生存從自我中心向實在中心的轉變。因此，可以把各大宗教傳統看作可供選擇的救贖論的『空間』或『道路』，人人都能獲得拯救，或解脫或覺悟或圓滿」。

希克認為所有的宗教都是對終極存有的回應，因為人所處的社會文化不同，結果對這終極有的稱謂自然也因此有別，猶太教稱為耶和華或雅威，基督教為神，伊斯蘭教為阿拉，道教稱之為道，儒家稱之為天，亦有宗教稱為梵天；總之，基督教對「神」的名稱或信仰之所以與其它宗教不同，那是因為基督教特殊的文化發展背景，結果基督徒對這一最高實體與其它宗教信徒的認識和經驗亦有所不一樣。所有的宗教雖然有所不同，但基本上卻是平等的。做為哲學家的希克特別從康德的哲學汲取思想養份以發展他的宗教多元神學，他特別引用康德哲學對實況力即「事相」（phenomenon）和「理體」（noumenon）的分析來發展他的理論。

事相和理體是康德的知識論很重要的概念，理體（noumenon）是事體自身，並非人類感性直覺的對象，我們根本不可了解這事物自身，但事相

（phenomenon）則不一樣，那是我們所體驗到的現象世界，因此人可以有所把握和可理解。康德強調，我們身而為人，我們對事物的認識與感覺都只限於感性世界之內，因此我們至多只能獲得從現象所給予的知識，而非物體自身的知識。對於希克而言，宗教就是我們人類可以經驗到，無論是從理性或感性層面，但我們所經驗與認知的受我們人的認知能力所局限，因此，所能認知與經驗的終極存有，僅僅只是終極實體的現象而已，而非終極存有自身。明乎此，我們就會明白不同的宗教對真理有不同的表述方式與經驗，但沒有一個宗教可能超越人的有限而全然掌握終極存有或真理自身。因此，每個宗教都有其合理性，亦有其洞見，但都不可能是真理自身，對一些宗教傳統而有，這終極在有是人格神（personal God），但對其它宗教，則是非人格的絕對（impersonal Absolute）觀念。但無論是人格化的神或非人格化的絕對或終極觀念，都不過是不同文化的宗教傳統各自表述，是不同宗教者對於這個終極實體的不同回應；換言之，宗教之間的差異，是世人因為在不同的文化背景之下對終極存有不同的思考與經驗而做出的不同回應，而非源於不同的終極實體。

希克也指出，雖然各大宗教都在嘗試用文字去論述與描述真理，但所有嚴肅的宗教思考最後都會走向不可說，這是因為理體與事相的不同，而偉大的宗教導師都深刻了解這一點，而不會以為一宗一教一派的神學可能壟斷對終極存有的論述與把握。我認為這其實是非常重要的一個觀念，它可以是不同宗教溝通與對話的基礎，即使不同的宗教之間可以千差萬別，但這不可言喻性的共同點說明了宗教之間的家族相似性，為宗教對話提供一個在真理面前宗教平等的基礎。這宗教中的不可言喻性或無相的觀念，希克舉例說明：

在印度教中，〈奧義書〉說到梵時是這樣描述的：「眼不能見，話不能說，心思也不能明」，梵「在言之先，甚至不為知性所達」。又說：「你（梵）是無相的：你僅有的形式是我們關於你的知識。」錫克教經典告訴我們：「我不能以思考獲得關於他的觀念，儘管我已思考了千百次。」〈道德經〉上說：「道可道，非常道。」在大乘佛教中，終極實在被稱為「空」。正如鈴木大拙（D.T. Suzauki）所解釋的：「說實在

08 基督教的多元宗教思想

153

是『空』，是指實在超乎定義，不受種種限制。換言之，實在是不含心靈在其意識活動中所投射給它的東西的。在另一表述中，終極者被稱為法身，它是不可言喻的普遍佛性的真身（Truth-body），法身展示為天上的佛，即為報身，展示為歷史上的佛，則為應身。在猶太教和伊斯蘭神秘主義中無限者（enSof），實體（al-Haqq）都超乎人類的思維方式。在基督教中，在早期，尼斯的格列高利（GregoryofNyssa）曾寫道，上帝『不能為任何術語，任何觀念和任何我們理解的方法所把握，它不僅在人，而且在天使和超越現世一切的神靈的能力範圍之外，它不可思議，不可言說，超越了一切語言表達。』後來，聖托馬斯阿奎那也寫到：『由於上帝的無限性，神的本質超越了我們的理智所能達到的每一種形式』，『上帝是甚麼超越了我們對他的理解』。我們確實可以說，所有嚴肅的宗教思想都肯定，處於無限的神性實在中的終極者最終超乎我們的理解力。」

簡而言之，沒有人可能絕對掌握絕對真理，也沒有一個宗教可能壟斷絕對真理！

因此，當基督說信耶穌上天堂不信耶穌通通下地獄，或咒罵其它宗教信眾信仰與崇敬的對象為惡魔邪靈，這種排外主義其實源自非常狂妄自大的心理，以為只有我們懂真理，只有我們有真理，其它宗教全都是錯誤，甚至邪惡的。

人類的知識都是相對的，沒有人可能十全十美，因此沒有一個宗教，包括基督教，是絕對完善的真理自身，看看基督教會與基督徒以神之名在過去兩千年所做的事，雖然好事很多，對世界與人類文明有正面影響，但惡事豈不也是罄竹難書？

神不可能被基督徒或基督宗教所統攝，因此基督信仰所言述的真理不可能是真理自身，至多只是真理的影子，就如聖經所說的：他們供奉的事本是天上事的形狀和影像，正如摩西將要造帳幕的時候，蒙神警戒他，說：「你要謹慎，做各樣的物件都要照著在山上指示你的樣式。」（希伯來書，八：五）這不意味這些宗教形式或教義沒有意義，他們都有教育與啟蒙的價值與功能，但若以為宗教等於真理，就是真理自身，那不過表示我們的自大。縱使基督徒相信聖經神啟，但仍是藉人間的語言文字為媒介與載體，而人間的文字怎麼可能完全正確絕對地表述真理？明乎此，我們就會明白為甚麼許多宗教導師，包括耶穌，在傳道時用比喻（parables）、寓意（allegories）及寓言（fables）？他們藉著比喻與故事來表述宗教真理，因為人間的語文與理性不只難以完全表述真理，甚至往往是遮蔽真理的屏障，無限的真理如何可能被有限的文字與語言所命定與局限？語言的破碎處與裂隙間，或許就是思考的起點，真理之光可能就在此折射閃現，世人可以驚鴻一瞥。

美國著名神學家尼布爾（Rienhold Niebuhr）在一九四四年闡述民主政治的需要與可能時，一針見血地指出：「人秉持公義的能力使民主成為可能，而人罪性中不公義的傾向使民主成為必須。」民主不等於以為人民都是對的，而是恰恰相反，是對人的不信任，所以不能讓任何人壟斷權力。同樣地，我相信宗教多元主義，不等於以為每個宗教都是真理，而是相信沒有一個宗教可能壟斷真理，沒有一個宗教可能完全表述真理；宗教多元主義鼓勵我們進行宗教間的對話，讓我們在與異己的對話中，走入對方的宗教經驗世界，藉此幫助我們突破我們各自宗教語言框架與思維結構的束縛與挫折，讓我們可以更敏感地意識我們的宗教語言以至我們的宗教經驗如何機械性與無意識地被我們各自因為熟悉而不假思索的宗教語言符號秩序所局限。唯有如此，我們才可能避免自大與陳腔濫調所導致的思想懈怠，而能繼續向真理與未知開放。

09 我的多元宗教經驗

一微塵中入三昧，成就一切微塵定。

——《華嚴經・賢首品》

二〇一六年一月一日，我正式拜美國禪師Robert Kennedy為師參禪。我的老師Kennedy早年留學日本，師從日本禪師Yamada Roshi，返美後師從美國著名禪師Bernie Glassman。那天正式拜師參禪，喜樂滿滿，了卻多年一樁心願。

自二〇一五年八月，每日清晨六時我與Kennedy禪師在他的禪室〈曉星禪堂〉坐禪一小時，這是我一生中最美妙的經驗，深刻體會禪宗喜純、誠摯與自由的特點；在寂靜中透視真我，可又擺脫「我」的限界，所謂一沙一世界，一花一天國，生命原來可以圓融無礙，一切澄明深邃。

有不少人問我：基督徒可以坐禪嗎？

我總反問：為甚麼不可以？

禪使人自見自性，令人看透生命種種表象與分別，不過幻化本來無，結果心可以無所執。坐禪不動，不是逃避現實；相反的，禪直指生命，必須親身體驗，不是理論分析；看透了，明心見性，心就自由，一即一切，一切即一，既無此岸也無彼岸……。聖經腓立比書（四：八）有一句：凡是真實的，可敬的，公義的，清潔的，可愛的，有美名的，若有甚麼德行，若有甚麼稱讚，這些事你們都要思念。「思念」在聖經原文希臘文是logizeste，中譯思念，但英譯為meditate（默想），英文的參禪打坐也是用這字。按這段經文的意思，凡是好的，都值得學習，所以不應狂妄以為一切唯獨基督教，更不應唯「讀」聖經！

我從小在基督教家庭長大，外曾祖父母當年從中國福州來到馬來西亞定居，後來外曾祖母先開始信耶穌，所以我可以說是第四代基督徒。記憶中我很小就每星期日跟隨父母上教堂，小時參加主日學，後來少年時參加少年團契，

少年團聚會後就留下來和成人參加主日敬拜。

從小我就非常勤奮參加教會活動，每年主日學的背誦聖經比賽，我總是拿第一名，在教會少年團是團契的領袖。十四歲開始，我除了參加星期天的少年團，也比一般教會年輕人提早參加星期六晚上的青年團，因為教會的人認為我早熟，是可造之材，所以鼓勵我參加青年團。十五歲那年，成年團契的周年慶竟然邀請我去講道，那是我第一次上台對成年人講道，雖然之前已常上青年團和少年團的講台。

十二歲那年我就立志長大後當牧師。從那時起，我非常勤奮研讀聖經，教會圖書館的書我都讀遍了，讀了一房間的書還嫌不夠，主動向我的牧師蔡添滿借書，而蔡牧師總是非常樂意借書給我，而我借來閱讀的都是厚厚一大冊的解經釋經的書。

我的教會是衛理公會，衛理公會是馬來西亞基督教會最大的宗派，但非常保守。其實，馬來西亞的教會都非常保守，不獨獨是衛理公會的問題，過去如此，現在也差不多，不是沒有改變，而是總是比人慢好幾拍。我記得我小時的教會不要說對其它宗教沒有好感，即使是對基督教不同宗派的基督教，也沒有好感，拒絕合作，這情況到我初中將畢業時，來了新的牧師駱寬容，帶來新作風，才有所改變。

那時的我雖然好問好學，但保守教會的圖書館只有保守派的書，這些書不是來自香港就是來自台灣。後來我發現不是教會只買保守派的書，而是那時的華人基督教會的出版業都被保守派壟斷，出版的幾乎都是保守派的書，開放的神學思想著作少之又少，當時最開放的恐怕是宋泉盛的《第三眼神學》。那時的我，耳濡目染傳統教義，其實也非常保守，熱心有餘，智慧不足，真正相信傳統教會的那一套——信耶穌上天堂不信耶穌下地獄，總是要帶人信耶穌，不想有靈魂沉淪。那時的我，以為這就是我一生的使命！

大概十六歲那年，發生了兩件事，讓我開始置疑教會的傳統保守文化，我是說置疑，因為還沒有批判能力，所以還談不上是真正的批判。

第一件事與佛教有關。馬來西亞華人十之七八信奉佛教與民間信仰，為了搶救靈魂，我決定報名參加佛教函授課程。那時我認為如果要向佛教徒傳福音，我就必須對佛教有基本認識，否則怎麼可能帶領佛教徒信主。但我非常驚訝的是，當我母親把我上佛教函授課程的事告訴教會的牧師和執事時，一位我非常欣賞的執事說要和我談談這件事。現在回想起，自然明白他們為甚麼會選他來和我約談，因為大家可能都知道我欣賞他，因此最可能聽他的話。他沒有問我為甚麼要上佛教函授課程，開口第一句就說我不應學佛教的東西，說他們沒有真理，說對我會有不良的影響。我向他解釋我是為了要了解佛教，以便更有效地向他們傳福音，他馬上說不必了解，沒有甚麼好了解的，你和他們傳福音就是，不必管他們說甚麼。最後丟下一句，這是為了你的好！

當時我非常納悶，其實我也不比他開放，不是以為他很野蠻，而是奇怪為甚麼他那麼害怕佛教？為甚麼對自己的信仰那麼沒有信心？後來，我還是繼續上我的佛教課程。我並沒有因此成為佛教徒，也沒有被佛教吸引。現在回想起，恐怕是因為我比他更保守，對基督教更有「信心」！

第二件則與伊斯蘭宗教有關。

馬來西亞是一個以穆斯林佔大多數的國家，伊斯蘭教是官方宗教。馬來西亞還有一個非常奇怪與違反人權的法律，即所有的馬來人必須是伊斯蘭教徒，馬來人必須生而為穆斯林，他們也不能改教，完全沒有宗教自由，而且任何宗教信徒都不能向伊斯蘭教徒傳福音，否則就是犯法。那時我就很生氣，覺得很無理，覺得無理不是因為馬來人沒有選擇宗教的自由與權利，而是氣憤政府怎麼可以阻止馬來人信耶穌？怎麼可以阻止他們得救，讓他們下地獄！我認為基督徒必須反抗這種法律，但怪就怪在當我和教會的成年人，包括執事談這些事時，他們都沒有出聲，他們怕犯法！當時我很生氣，我認為這是有關馬來人靈魂與去世後是否得救的事，傳福音是神的命令，怎麼你們這麼膽小，你們到底是否真的相信唯有耶穌有得救之道？怎麼可以眼看那麼多馬來人因為沒有機會信耶穌而下地獄?!我置疑保守基督徒到底有多少是真正相信他們所相信的，還是只是方便才相信，不願付代價。

十九歲那年，我希望自己可以考入國際伊斯蘭大學，因為我要研究伊斯蘭教，然後向穆斯林傳福音！其實，那時我已開始在做這件事了，我有一個朋友在新加坡的一家福音電台工作，我用馬來文寫了不少的福音廣播稿給他，他交給別人播，他還告訴我他們有不少馬來聽眾。

如今提起這兩件事，其實亦是自我批判。當時的我恐怕比我現在批評的保守的基督徒更保守，甚至也更熱心更認真。我曾經是如此敬虔地相信傳統教會的那一套，無論是針對其它宗教，還是性取向。

傳統教會告訴我同性戀是錯誤的，有牧者甚至說沒有人是同性戀者，這些人只是墮落的異性戀者，同性戀是一個可以選擇的事。我是如此地相信他們，雖然開始了解自己對男性有「性」趣，但千方百計告訴自己不要做同性戀者，後來甚至和異性結婚。一九九七年十二月到美國念書，主修社會學，副修宗教研究，那是我生命最重要的轉捩點。

在美國念社會學讓我對性取向有更科學的認識，我在哲學系念宗教研究，選修了許多聖經課，第一次非常學術性地把聖經當文本來研究，從聖經的成書過程到文本批判與歷史批判，讓我發現了一件驚天動地的事——聖經不是如我小時的主日學與家鄉的牧師所言，全無矛盾，一字一句絕對無誤！我的世界與天地從此不一樣。

這件事真正令我開始置疑教會有關同性戀與性取向的教導，但另一方面，其實也是教會對同性戀的教導令我開始更有理據與更勇敢地正視聖經不是一本天文歷史地理科學無所不包絕無錯誤的教科書！傳統教會告訴我按聖經所言，同性戀是一件做與不做的事，只要我不做就沒事，是絕對可以改變的，所以堅持做同性戀者，不改變才會被定罪，但這教導完全有違我的切身經驗，我的真實經驗告訴我，我所經歷的根本不是這回事，對性取向，我根本無從選擇，這不是做與不做的事，而是「是」與「不是」的問題。這令我開始置疑，傳統教會說聖經反同，但他們口中聖經所謂的「同性戀」到底是不是真的指「同性戀」？因為這與我的經驗完全不一樣。那時我已與異性結婚，我更肯定同性戀絕非做與不做的事，我也明白這也不是你選擇做異性戀就可以解決的問題。

我的性取向令我更認真地去研究聖經，因為於我而言，聖經和信仰此事此刻不再只是針對未來生靈魂得救的事，也是針對當下生命焦慮與兩難的問題；而對聖經的研究結果，則令我更有勇氣去正視自己的性取向與生命，使我不再因為迷信傳統教會僵化的教導，而選擇逃避。有關我性取向的思考經歷與基督信仰的反省，我在二〇〇六年寫了一本有關自己生命故事的書《現在是以後了嗎？》。

由於對聖經的研究開啟了我對聖經新的認知，讓我終於可以脫下傳統教會為我戴上的有色眼鏡，重新去認識佛教。但真正讓我對佛教產生好感的，不是念學士學位副修宗教研究那段時間，而是在二〇〇六年後在波斯頓大學念神學博士的時候。不過，之前在紐約市立大學念社會學博士時，修了不少有關社會學與宗教的課，包括到哲學系博士班念宗教哲學，讓我在波斯頓念神學博士時，對宗教與基督宗教已有了更深入與批判性的理解。波斯頓大學是衛理公會大學，大學內的神學院是非常開放的神學院，而且非常重視宗教比較學與社會公義的議題，馬丁路德金牧師早年就是在波斯頓大學的神學院考獲神學博士學位。

在波斯頓大學念宗教比較學與佛學時，完全改變了我對佛教的看法。第一，我發現在家鄉所看見的許多燒香拜佛的拜拜原來不等於佛教的全部，佛教其實有非常深刻的哲學思想；第二，用英文讀佛經，無論是心經或金剛經，原來簡單易明，因為英文的翻譯是近代的翻譯，不像中文佛經是文言文，讀起來像咒語多過像可以明白的哲學。當然，在閱讀英文釋譯的心經後再讀中譯本，不只讓我更明白中譯的心經，亦讓我驚覺中文譯本的美與深邃的意涵，並非簡單易懂的英譯可以相比的。

在念神學博士班時，我讀了許多有關佛學的書籍，都是英文。我發現佛教在美國或西方的其中特點，就是歐美的佛教徒把佛教當做人生哲學更甚於視其為宗教。

記得第一次讀到禪宗臨濟的見佛殺佛，簡直五雷轟頂，剎那間彷彿虎驟龍奔，星馳電掣，天雲變色，內心激動，久久不能自已。見佛殺佛，因為所有相，皆虛妄，連佛的形象都是虛妄不實，一旦迷信，就為其表相所執所限，離啟蒙更遠。這是何等的智慧，亦是何等的勇氣！那時還不認識禪宗，也不知原來這就是佛教禪宗，只是那一刻，就在電光火石之間，我彷彿看見了我過去似乎知道但已忘記的事，那一刻思想的衝擊，不是來自理性與學術，而是彷彿來自更深層心靈的召喚與覺悟。後來，我再讀佛學，有一天，忽然又再一次領悟與發現其實我們不能見佛遇佛，因為真如非割裂與二元，見佛就是與佛對立了，真理是一不二，不能見佛又何來殺佛?!那一刻的領悟與感動，令我熱淚盈眶，就如我在禱告中，在教堂裡唱聖詩時內心火熱的感動一樣……。

美國的佛教徒相當強調meditation，即靜坐，我後來買了一些靜坐入門的書，開始自己學習靜坐；遠在台灣的詩人好友陳克華知道我愛看佛書，總是時不時寄來一箱佛學的書給我，後來不知不覺認識了禪宗，在做神學博士論文研究時，念佛書成了緩解壓力的事。那段日子，感覺特別安靜，月明星稀，不漫不漶。

不過那時靜坐，大概就只是靜坐十五分鐘。我渴望自己可以找到老師。

二〇一五年五月，我和我丈夫從紐約布格倫搬到新澤西州，那是另一個州，可是就在曼哈頓哈遜河的對岸。那時我在聖彼得大學教社會學，聖彼得大學是天主教耶穌會大學，大學就在我家對面。兩個月後有一天發現我家公寓樓上有一禪堂，住持人是美國非常著名的禪師Robert Kennedy。Kennedy是聖彼得大學神學系的退休教授，是耶穌會神父，早年留學日本，擁有兩個博士學位，分別是神學和心理學。他如今已八十四歲，十幾年前大學退休後，他常到世界各地住持禪修避靜（Zen Retreat）。

每天早上六點，我就去公寓的禪堂坐禪一小時。第一次只坐三十分鐘，因為我不認為自己可以靜坐一小時。但三十分鐘很快就過去了，第二天開始，我就每天坐禪一小時，現在我則是早上在禪堂坐禪，晚上則在我的書房坐禪一小時。坐禪原來是那麼自然的事，惟覺十方寂然，心靜如水。我有一種回家的感覺。

今年十二月就是我在美國第二十年。二十年如飛而去，回首來時路，不勝唏噓。

從一個基督教原教主旨者，到馬來西亞第一位出櫃同志牧師，再到亞洲第一位擁有神學博士學位的同志牧師，又到如今學佛坐禪；走到今天，我還是基督徒，也是牧師。如今每次讀到傳統基督徒罵我的文章，內心已經沒有憤怨，那是久違的熟悉；只是有時遇見年輕的基督徒，讀到他們正義凜然罵我的文字，忍不住再看一遍，那是遙遠的親切，心裡為他默禱祝福。我並未超凡入聖，有時心裡還有漣漪，只是不忍忘情——所有人都是我的導師，縱使是反對我批評我誤解我的人。

如今我真實體會：人生是修行，世界就是禪室道場。

10 宗教對話

——我們的出路！

凡是真實的、可敬的、公義的、清潔的、可愛的、有美名的，若有甚麼德行，若有甚麼稱讚，這些事你們都要思念。

——腓立比書（四：八）

沒有宗教和平，就沒有世界和平，因此促進宗教間的瞭解與和平是當前急務！這是德國天主教神學家孔漢思（Hans Küng）的信念與使命。

二十一世紀，宗教原教旨主義大行其道，宗教衝突事件在全球各地此起彼落，令人震撼遺憾。宗教原本勸人向善，可是人類走到今天，不同的宗教信徒之間仍然難以和平相處，當今世上，尤其是在落後的第三世界國家，又有多少人能有坦蕩的胸懷去嘗試瞭解其他宗教，以審視的眼光誠實省思自己的信仰，並以光明磊落的心表示對其它宗教的欣賞、接受其它宗教的智慧，讓自己的信仰與生命更通透？別的宗教我不論，身為基督教牧師，我必須承認，許多基督徒不但對其它宗教的基本崇敬與虔誠都沒有，甚至在未充分瞭解他人信仰之前，就已先入為主，視他人的信仰為引人下地獄的異端邪說；無怪乎在這些國家，宗教總是如此敏感，總是如此輕易地成為衝突與仇恨根源！

二〇一六年八月，印尼北蘇門答臘大批穆斯林群眾衝進神廟大搞破壞，並放火燒了七間佛教、道教寺廟，當地華人人心惶惶，以為是排華事件，不過警方表示，這是宗教衝突，不是種族衝突。但宗教衝突不總是由一神教徒首先攻擊異己，比如在緬甸，佛教徒與羅興亞族穆斯林之間常發生衝突。二〇一六年七月，緬甸在一星期之內傳出兩起佛教徒攻擊清真寺事件，群眾縱火燒毀清真寺，雖有警員在場卻鎮壓不住群眾，清真寺燒得全毀。根據報導，衝突主要是因為清真寺建於佛塔附近，佛教徒要求拆除清真寺，但遭穆斯林拒絕，結果大約兩百多名佛教徒一怒之下發火燒毀清真寺。

二〇一〇年一月馬來西亞發生一系列的教堂遭縱火事件。事緣法院判決任何宗教都可以使用伊斯蘭教真主的名字阿拉去描述神，馬來西亞的天主教徒在以馬來文翻譯聖經時，可以使用「阿拉」這詞，結果保守穆斯林不滿，不少穆斯林走出來示威抗議，甚至有人攻擊教堂，遭受攻擊的教堂據報導高達八所。

我們今日的社會無疑比過去更加複雜，在全球化的時代，我們再也不能故步自封，或繼續做井底之蛙，以為世界就是井口般大，以為自己的宗教或所了解的就是唯一與絕對的真理，而拒絕理性思考與自我批判、吸納不同的文化，並包容異己。我必須強調，這絕對不等同於相對主義，而是我們必須瞭解人做為人的局限，而向真理和真相開放，把全人類的解放，放置在對生命理想的追求進程之中，設身處地為他人著想，學習聆聽和對話，而非純粹訴諸個人的信仰、意識形態、傳統或一己的偏好。

沒有瞭解，就不可能有尊重，亦不可能有和平；職是之故，當今不少宗教領袖總是致力於促進宗教間的交流，以對話取代衝突。由於偏見與成見寄生於無知，而偏見又是衝突根源，除非宗教信徒對其它宗教有基本知識與瞭解，否則難免被政治煽動利用。

我的好友釋有哲有一次與我談起他在台灣佛學院的學習，令我非常感動。原來他在佛學院研習佛學，不只讀佛教徒與學者的書籍，他還閱讀天主教神父對佛學經典的詮釋，比如著名天主教神學家Lamotte對龍樹的大智度論的注釋也是佛學院課程指定讀本！

一些天主教神父深入研究佛經，叫人欽佩，Lamotte的治學精神，我一向佩服；但佛學院以一天主教神父的著作為課本，衷心欣賞一名異教徒對自己宗教偉大經典的詮釋，並努力學習，這種用心與謙虛，更令我感動！身為一名基督徒，我對天主教與佛教在這方面的寬宏大量包容不只欽佩，而且也為基督教內一般狂妄與自以為是的文化而汗顏。

宗教排他主義的問題往往源於宗教原教旨主義。原教旨主義根本上就是一種排他的宗教思維，基督教原教旨主義從過去支持奴隸制度、反對學校教授進化論、反對女性平權運動、反對宗教自由、反對同性戀，其特色都是同出一轍，即只能純粹訴諸宗教經典，而且是只有他有自由與權力解讀有關經典，反對對話。

這種原教旨主義的心理，其實源自嚴重的自卑與恐懼，杯弓蛇影，草木皆兵。因為驚惶，因為恐懼異己，只能以高壓手段打壓異見，藉拳頭和暴力給自己壯膽。宗教場所被不同宗教者攻擊與縱火等悲劇，在在提醒我們理性與對話的重要性，而不應讓個人宗教排外情緒或一己的偏好主宰一切。

其實，追根究底，無論是種族主義、性別主義、或異性戀霸權／主義（heterosexism），均是把一己當作審判眾生的絕對標準，其內在邏輯無不強調「我比你好」，「我是唯一正確的，凡是與我不同的，均為劣等」，而無視事實，不願講理，也拒絕以科學和理性的態度去自我批判。這種思想一旦有其宗教背書，就更加明目張膽與恐怖，偏見與歧視馬上合理化起來。人類歷史從來不缺乏這些例子，只是我們到底汲取了甚麼教訓？歷史所給予我們的教訓往往是除非我們換了位置，成為受害人，也是少數，否則許多人難免自以為是。這是人性的弱點與悲劇。這世界如果能對異己有多一點瞭解，多一分寬容，多一些愛心，我們的世界就會美麗許多，許多的誤會與矛盾原來都不必要。領悟這一點，我們就會明白，人立於世，原來可以無束無縛，無惑無動，光明自在，解脫自得，而宗教與宗教之間，人與人之間，不是二元分立，不必快意恩仇！

如果宗教堅持排外主義，宗教之間就不可能在一個平台上和平對話；沒有對話，宗教之間亦不可能有真正的和平；沒有宗教和平，就不可能有世界和平！這是當今世界越來越明顯的事實。

但我在本文要強調的是，宗教對話不只是為了宗教間的和平，不只是為了避免對他人宗教因為無知和誤解所產生的衝突，宗教間的對話其實亦可以因為加深對彼此宗教的了解，進而豐富各自的信仰與神學，提昇我們的宗教與靈性智慧。

每一個宗教都有其獨特的宗教語言系統，而這宗教語言系統與信仰群體的特殊歷史文化經驗有關，不同的宗教傳統則是在不同的歷史時空下與文化背景裡建構出來，結果他們在其獨特的語言系統內表現自己的真理觀並為自身關懷的終極問題提出解決的答案。各宗教之間的差異，如果可能從這角度解讀，那我們在宗教對話中，除了拉近彼此的距離，我們亦可以藉此走入對方的宗教語言系統，了解對方的真理觀。宗教多元主義者相信，各大宗教以各自的方式，在各自的傳統探索與表述「真理」或終極實在，比如佛教以「空」體現終極實在，基督教以「上帝」表述終極實在，二者可以不是相互矛盾。有很多人，包括基督徒與佛教徒問我，身為一名基督徒與牧師，我怎麼可能同時是基督徒，同時又欣賞佛學崇敬佛陀，因為一個相信上帝，一個相信空？

我認為佛教的空論（Sunyata），特別是龍樹（Nagarjuna）在〈中論〉（Mūlamadhyamakakārikā）的空觀，不只與基督教的上帝沒有矛盾，身為基督教神學家，我甚至可以從龍樹的〈中論〉汲取思想養份以建構基督教的上帝觀，從而豐富基督教神學。本文接下來的這一部份，就是提綱挈領地論述我在這方面的思考。

佛教的「空」不是徹底的一無所有，不是一片空無，不是虛無主義，也不是形而上學的不可知論。〈中論・觀如來品第二十二〉十一頌有一句：「空則不可說，非空不可說，共不共叵說，但以假名說」。空之所以不可說不能

說，不能以語言道盡，因為終極存有與「真理」必然超越一切有限的事物，包括人間文字語言，一旦我們以為我們可以語言絕對掌握與表述終極存有，我們無疑企圖以有限束縛無限，如此一來，難免虛妄執著。因此，龍樹在中論又提出「戲論」（prapanca）的概念，一切其實都是戲論，〈中論‧觀涅槃品匢二十五〉第二十四頌說：「諸法不可得，滅一切戲論，無人亦無處，佛亦無所

說」，即是戲論，就不能絕對當真，它僅是以語言建構，或甚至說虛構的概念，以方便了解，因為雖然不可說，可是在現實又不能不說，否則全無頭緒，所以必須以「戲論」來提醒所說的一切，不過是虛構的「假名」。這就有如老子〈道德經〉開宗明義所言：「道可道，非常道；名可名，非常名。」

如果我們以為我們可解釋得清清楚楚甚麼是道，那這被解釋得清清楚楚的道，肯定不是那真正的「道」！我們怎麼可能狂妄地以為我們的理性與知識，還有語言，可能窮究終極真理？如果我們以為我們可以用語文，甚至一本書，如〈聖經〉全然掌握與了解上帝，那基督徒的上帝觀肯定已被語言所戲弄與束縛，甚至完全誤導。佛教對語言的有限性有非常深刻與有意識的認識，這點是基督徒應該學習的。

關於語言的戲論，傳統基督教神學家其實也已有所認識，只是可惜的是這種思想沒有被強調，以致很多基督徒以為他們可能絕對掌握真理，以為聖經是神的話，只要讀聖經，就可完全了解真理與了解上帝，因為聖經是神的話。著名的宗教多元主義神學家約翰希克曾經說過，我們無法如實地描述實體或那終極存有，只能通過人的語言思考和體驗——從某些宗教傳統看，這終極實有被理解為人格的神，但從另外一些傳統來看，這終極存有則有另一些名字，如「天」或「道」，甚至「空」，這是非人格的，而對一些宗教傳統，這個人格化的存有，不只有人的位格，而且還有人的屬性，如善良，慈愛等。如果我們從龍樹的思想豐富的意涵，我們就不難了解，這一切對「上帝」的形容，我們都不能當真；可是不能當真並不意味它假，而是知道這是為了方便的戲言，上帝肯定必須超越這戲言。所以我常說，宗教像詩，詩的文字不能照一般文字去理解，過於「認真」，詩意就蕩然無存，沒有意境，也不美了。所以，當基督徒上帝最偉大，我的神是唯一，我們必須了解，也應該了解這是詩的語言，不是科學的語言！這就如有人說「我的太太是最世界最美的女人」，或「我的母親是最偉大的母親」，大家都知道這是詩歌的語言，不是科學客觀的語言，所以沒有人會因此與這些人爭執辯論或打鬥，以反駁論者以為他母親是最偉大的母親的言論。如果我們都可以從這角度去思考與理解宗教語言，我們就不會執著於我們的宗教經典說我們的神才是唯一，或以此去攻擊別人，導致血流成河！

在基督信仰裡，有一個非常重要的神學，就是道成肉身的神學，耶穌就是那宇宙終極的「道」（約翰福音，一：一）；當然這是中文的翻譯，在原文希臘文是logos，即「言」，這是古希臘哲學一個很重要的觀念，「言」是在古希臘哲學中表示支配世界萬物的規律性或原理。值得順便一提的是，中國人把約翰福音（一：一）中希臘文的logos翻譯為「道」不啻是一個宗教多元主義的例子。約翰福音的作者說：從來沒有人看見神，只有在父懷裡的獨生子將他表明出來（約翰福音，一：十八），那獨生子即是耶穌。但，這不意味我們因為認識耶穌就等於我們完全認識與了解神，因為我們首先已不可能完全認識耶穌，我們也不可能從聖經完全了解耶穌，這是聖經作者自己承認的：耶穌所行的事還有許多，若是一一的都寫出來，我想，所寫的書就是世界也容不下了（約翰福音，二十一：二十五）。我們也不要天真地以為耶穌已把所有真理都講解得清楚明白，或信耶穌的人都已經從聖經與耶穌的言行中得到全部的真理，這點也是耶穌自己坦承的：我還有好些事要告訴你們，但你們現在擔當不了。只等真理的聖靈來了，他要引導你們明白一切的真理，（約翰福音，十六：十二—十三）；換言之，耶穌言而未盡，真理是漸進式的，聖靈會引導我們明白真理，而不要以為真理已被聖經所壟斷。

中世紀最偉大的經院哲學神學家阿奎那（Thomas Aquinas）曾經說過，聖經藉助物質世界的事物的比喻來言說與表述真理，純粹是一種方便之門。

阿奎那引用偽迪奧尼修斯的話說：「神聖光芒只有隱藏在許多神聖面紗下才能夠向我們啟示。」換言之，這沒有甚麼不妥，但也要清楚知道這是比喻，重點是比喻所指向的真理，而不是比喻的事物。阿奎那深受六世紀初的神學家偽迪奧尼修斯（pseudo-Dionysius）所影響，並因此發展出否定神學（Apophatic theology，亦稱negative theology）。簡而言之，對於神聖的上帝，我們不能用人間語言與人的理性來正面論述神，我們不能說神是甚麼，因為這是人對自身理性與理解的狂妄，我們只能說人不是甚麼，語言不能絕對掌握與形容至高無上的上帝，即真理自身，我們只藉著對語言建構的否定來接近真理，但否定又不僅僅是對肯定的否定，同時它亦必須對否定自身的否定，從而超越二者，達致最後的神秘的沈默。這，豈非異常接近第二世紀的龍樹的

「假名」與「戲論」，以至最後「不可說」？而老子（公元前五百年左右）豈非也曾說「道隱無名」？

縱觀阿奎那的神學體系，他並沒有否定人的理性，他更不否定哲學的論證，但他深刻理解，無論理性與人的語言，皆力有未逮，所以阿奎那並不是簡單地否定或肯定，而是既肯定又否定，因為拒絕相信我們可以天真且狂妄地以為我們可能完全與絕對掌握那超越者，而這正是時下許多傳統與保守基督徒的問題。

人的理性與語言，不可能窮究一切知識，更何況是宇宙的終極真理？真理的亮光唯有在對語言論述的肯定與否定之間驚鴻一瞥。無怪乎〈中論〉充滿了對反語句——不生亦不滅，不常亦不斷，不一亦不異，不來亦不去，除了這著名的八不，還有生滅、空有、實非實、有常無常、邪正、此彼、生死、涅槃生死等。

排外主義者視自己的宗教為唯一真理，包容主義者相信自己的宗教是最好的，但多元宗教主義者相信，在真理面前，宗教平等，幾乎每個宗教都有其優點，但每個宗教亦有其局限，藉著宗教對話，經歷正反合的思考辯證與經驗交流，可以彼此改善糾誤，可以豐富各自的信仰，我們亦可能因此逐漸接近真理。但多元主義目前仍不完善，希克的思想有待批判與改進，但我認為他提出了正確的進路，只是如何避免多元主義走向企圖以一攝多，同質化差異而變形為另類的話語霸權，這是希克走後，我們當代人要努力思考的問題，只要我們繼續努力，謙虛開放，或許我們可能提出一點有助於解決問題的觀點，縱使不可能完全解決問題。

佛教是一個非常開放的宗教，其中最重要的原因，就是其「緣起和平等」的思想，因此許多佛教徒縱使面對保守基督徒「不信耶穌下地獄」的叫囂，仍可對基督徒溫柔以待，依然堅持拒絕對保守宗教信徒持非此即彼、非正即邪、非友即敵的態度！身為基督徒，這點令我深受感動。

二〇一二年，我曾經在馬來西亞一公開場合為我教內弟兄姐妹對佛教徒與佛陀的不敬公開道歉，如今我再說：我不能代表任何人，也沒有人可能代表任何人，我只能代表我自己與認同我的基督徒，再次為我眾多弟兄姐妹的不敬向佛教徒致歉，我不敢要求佛教徒原諒，我只能深深鞠躬，說一聲：對不起。

阿奎那曾經說，人的理智和本性中就有一種認識上帝，或我們稱真理的本能，但有限的人不可能絕對掌握真理，可是我們這種欲求與本能也不是絕無意義與徒勞無功。只是我們必須非常小心謹慎，必須慎防人性中的自大與驕傲。最後，我謹以阿奎那的一句話來結束本章與這本書：人要認識上帝的奧秘是不可能的。因為話一到嘴邊，心靈就無力，語言就失效。

我們不能固執己見，不能只聽一種聲音，不能自以為是，結果拒絕講理；我們的心靈必須開放，我們亦因此需要恩典。

10　宗教對話——我們的出路！

宗教類　PA0092　Viewpoint 29

一切水月一月攝
——論宗教多元思想

作　　者／歐陽文風
攝　　影／Poe Chu
責任編輯／鄭伊庭
圖文排版／莊皓云
封面設計／蔡瑋筠

發 行 人／宋政坤
法律顧問／毛國樑　律師
出版發行／秀威資訊科技股份有限公司
114台北市內湖區瑞光路76巷65號1樓
電話：+886-2-2796-3638　傳真：+886-2-2796-1377
http://www.showwe.com.tw
劃撥帳號／19563868　戶名：秀威資訊科技股份有限公司
讀者服務信箱：service@showwe.com.tw
展售門市／國家書店（松江門市）
104台北市中山區松江路209號1樓
電話：+886-2-2518-0207　傳真：+886-2-2518-0778
網路訂購／秀威網路書店：http://www.bodbooks.com.tw
國家網路書店：http://www.govbooks.com.tw

2017年11月　BOD一版
定價：280元

國家圖書館出版品預行編目

一切水月一月攝 : 論宗教多元思想 / 歐陽文風著. -- 一版. -- 臺北市 : 秀威資訊科技, 2017.11

面；　公分

BOD版

ISBN 978-986-326-489-7(平裝)

1. 神學 2. 禪宗 3. 比較研究 4. 文集

242.07　　　　106019676

讀者回函卡

感謝您購買本書，為提升服務品質，請填妥以下資料，將讀者回函卡直接寄回或傳真本公司，收到您的寶貴意見後，我們會收藏記錄及檢討，謝謝！

如您需要了解本公司最新出版書目、購書優惠或企劃活動，歡迎您上網查詢或下載相關資料：http:// www.showwe.com.tw

您購買的書名：________________________________

出生日期：________年________月________日

學歷：□高中 (含) 以下　□大專　□研究所 (含) 以上

職業：□製造業　□金融業　□資訊業　□軍警　□傳播業　□自由業

□服務業　□公務員　□教職　□學生　□家管　□其它_____

購書地點：□網路書店　□實體書店　□書展　□郵購　□贈閱　□其他

您從何得知本書的消息？

□網路書店　□實體書店　□網路搜尋　□電子報　□書訊　□雜誌

□傳播媒體　□親友推薦　□網站推薦　□部落格　□其他__________

您對本書的評價：（請填代號　1.非常滿意　2.滿意　3.尚可　4.再改進）

封面設計____　版面編排____　內容____　文／譯筆____　價格____

讀完書後您覺得：

□很有收穫　□有收穫　□收穫不多　□沒收穫

對我們的建議：________________________________

____

____

____

請貼
郵票

11466
台北市內湖區瑞光路 76 巷 65 號 1 樓
秀威資訊科技股份有限公司 收
BOD 數位出版事業部

（請沿線對折寄回，謝謝！）

姓　　名：__________ 年齡：______ 性別：□女　□男

郵遞區號：□□□□□

地　　址：____________________

聯絡電話：（日）__________ （夜）__________

E-mail：____________________